sehend hörend sprechend

texte

Herausgegeben im Eigenverlag
Wien; Juni 2011

ISBN 978-3-200-02269-0

Umschlagbild: „*sehend hörend sprechend*' von K. Podirsky (2011)
Umschlaggestaltung: K. Podirsky

Druck: AZ Druck und Datentechnik GmbH, Deutschland

Das Buch kann bestellt werden bei:

http://www.klauspodirsky.at
klauspodirsky@gmx.at

sehend
hörend
sprechend

texte

von

klaus podirsky

texte aus den zyklen:

fernab 2005
jetzt-zeit 2006
herz-schlagend 2007
ja 2008
zeit-losigkeiten 2009
welt 2010
&
realsatiren 2009

Über den Autor

Klaus Podirsky, Diplom-Ingenieur, geb. in Wien 1955; Vater zweier Kinder; studierte Architektur an der TU-Wien; anschließend Waldorfpädagogik. 1986 – 2000 Oberstufenlehrer. 1993 Initiative und Redaktion des Österreichischen (jetzt: Internationalen) Lehrplans der Waldorfschulen. 1999 – 2008 Dozent am Rudolf Steiner-Seminar Wien für Heilpädagogik und Sozialtherapie.

Sein heutiges Arbeitsfeld ist die Erziehungshilfe (‚Jugend-Coach') im Raum Graz. Weiters: *Free Spirit*-Trainer für empirische Bewusstseins-Forschung und Selbstmanagement sowie seit vielen Jahren freischaffender Künstler, Maler und Lyriker.

Klaus Podirsky ist Autor mehrerer Bücher: „*Fremdkörper Erde*" (2004) über Goldenen Schnitt und Fibonacci-Folge im Sonnensystem; „*Zeiten der Zeitlosigkeit – Schlag-Anfall*" (2006). 33 Lebens-Gespräche im Zuge einer Sterbebegleitung des ehemaligen Boxers, Künstlers und Philosophen Denes Dembitz sowie: „*Quantensprung – Die Spiritualität der Wissenschaft entfaltet sich. In-forma-tion – Resonanz – Bewusst-Sein*" (2011).

Klaus Podirsky beschreibt sein zentrales Lebensanliegen selbst, wenn er sagt: „*Naturwissenschaft und Spiritualität sind eins! Ich bin als Botschafter in Sachen ‚Sinn & Selbstwert' tätig.*"

...schreiben

„*Zu schreiben stellt für mich eine stets lebendige Notwendigkeit dar – um Selbstbegegnung stattfinden zu lassen. Es ist dies geliebter Ausdruck von Dasein, meines Werdens, und somit ebenbürtig jeder anderen Menschenbegegnung, der Malerei, dem Tanz und der Welt der Ideen...*" (Text: Homepage KP.)

Zur Entstehung des Buches

Die Idee zur Veröffentlichung von Lyrik entstand bereits vor mehr als fünfzehn Jahren. Es waren die Hinweise von Freunden, welche den Anstoß gaben, sich – neben dem vielen anderen, was die damalige Zeit für mich als Aufgaben bereithielt – auch damit näher zu beschäftigen. Bald zeigte sich damals allerdings, dass allem, was als ‚Lyrik', als ‚Gedicht' oder ganz allgemein als ‚verdichtete Sprache' nach Veröffentlichung sucht, auf dem zeitgenössischen Buchmarkt kaum noch Verkaufschancen eingeräumt wird. Die Folgen davon: Verlage – vornehmlich kleine – sind zwar zur Veröffentlichung bereit, allerdings hat der Autor so er nicht Ernst Jandl, Erich Fried oder Hans Magnus Enzensberger heißt – meist die gesamten Druckkosten selbst zu bezahlen. Zu solchen Bedingungen aber war es mir zu dieser Zeit schlichtweg unmöglich, an eine Veröffentlichung auch nur zu denken. So fanden dazumal letztlich lediglich fünf meiner Gedichte in einer Weihnachtsantologie Eingang („*Alles hat seine Zeit.*", Verlag Haag & Herchen / Frankfurt 1996). Mittlerweile hat sich jedoch mein Leben entscheidend gewandelt – entpuppt (‚entpuppt' – so sollte der vorliegende Gedichtband ursprünglich auch mal heißen). Seither sind weiters drei Bücher in gänzlich anderen, höchst unterschiedlichen Genre veröffentlicht.

So ließ sich nunmehr auch das ‚Lyrik'- Projekt – heute will ich es lieber ‚Texte' nennen – verwirklichen. Die Entscheidung, auf welchen Bereichen der Schwerpunkt einer Erstveröffent-lichung liegen möge, fiel nicht leicht. Umfang und Anliegen machten eine radikale Sichtung notwendig. Unter Einbeziehung unbefangener Augenpaare entstand letztlich jene Auswahl, die Sie, liebe Leserin, lieber Leser, nun in Händen halten.

Ich wünsche Ihnen vergnüglich-heitere, ebenso aber anstößige, Impulse gebende Momente mit „*sehend hörend sprechend*".

Klaus Podirsky, Wien im März 2011

Zyklus: *fernab* **2005**

schöne, alte welt

blondes herbstverblichenes feldweit steht es im
weißblau schneedurchragend;
landschaft und sonne gebettet in frostigen dunst –
zwischendrin: südliches böschungs-braun
modrig alter rain-bruch im flachland –
donau-verlassenes, abgetrotztes pflugfurchen-land;
deutsches eichenlaub unerbittlich am stamm
hart-gereift, am wegrand eisiger wind-zeit.
der blick ringsum durch jeden baum dringend
bis hin ins mehr erahnte am horizont.
besen-bereit, hain-lang: weidenruten,
wie geschälte, bloße haut – aufragende triebe.

dunkle rinderleiber am hang ruhend –
vor dem hoftor. fremdes bild: transport-vieh
gebannt im ansinnen seines schicksals…
helles, blondes herbstverblichenes
im schnee – verzückender schein
von zartheit, fremde bilderwelt:

alles, was kommt
geht weit
darüber hinweg
in der geburts-stunde
des morgens

3. märz 2005

augenblicklich-t

zwischen den zeilen der zeit
kommst du,
sprichst mit mir
die neue sprache
– ich staune, ich fühle
wie du
geduldig
mein werk betrachtest
und mich schweigend fragst,
welchen weg
zu gehen ich bereit bin:
alle offen,
keiner zu lang,
keiner unwürdig, oder
zu gewaltig.

…wenn die zeit beginnt
still zu stehen
und auf
mein eintreten
wartet…
– irgendwo zwischen
omega & alpha.

28. märz 2005

mein ‚*nein*'
mit leben bekränzt, geliebt;
mein ‚*ja*'
begossen mit freude, lust und kraft.

verbunden
dem zarten hauch, dem
sturm der vergänglichkeit
dessen, *was-immer-ist*.
gefunden und geteilt
verbunden, verweilt...

soviel
neuer atem
in dieser welt;

engel, engel, du hauchst
ein ahnen herein
in mein leben,
ein wissen hinaus, ein altes.

und,
wirft nicht jeder sonnenstrahl
schatten in dieses werk...?!
gibt es nicht immer
ein altes trauern, das lacht,
ein lächeln, das schmerzt,
und, ein lied, das ein wenig ewig
verklingt...?!

28. märz 2005

tabula rasa

schweige ich,
legt sich
die sonne auf meine brust,
und der wind rauscht
im ohr.

niemand
sieht diese
welt durch meine brille;
meine welt:
meine *augen-weide*,
meine *gewitter-geschichte*,
dornenhecke und
lianengewirr in einem.
der ort meiner liebe,
meiner veräußerung,
meiner wandlung.

...seeadlerschatten
huscht über das blatt-weiß davon
ins wiesen-grün...

ich schließe die augen;
nichts mehr, was trennt
von der nacht
uralten gebärens der liebe:
sterne, erde, menschen
und der tage zu sein.

28. märz 2005

flagge zeigen

drei blaue herzen
auf
einer gelben
chiquita guatemalteca…;
eben erst ‚*geherzt*'
– kugelschreiber-geschrieben –
eindrücklich in weichen grund;
dann: geschält wie dionysos
seine von eros gestraffte gestalt;
und nun verzehrt,
liegt sie da erschlafft.

drei blaue herzen
auf
gelbem grund:
soviel bleibt
im vorübergehen
der zeit,
von alpha bis omega.

28. märz 2005

fehlbesetzung

was lacht,
ist niemals
dasjenige, was lächelt;
und die verschwiegenheit
im warten
lagert selten auf der stirn;
ein stern ist nichts, das
zur türe herein spaziert,
und – wer weiß –
die verlogenheit
bleibt auf der strecke,
wenn nichts zu verlieren ist.

im ‚*hohelied der pflicht*'
neigt die freiheit sich
zu vergessen,
und die liebe vergammelt
zur neigung; lauthals bleibt
‚*versprochen ist versprochen*'
im hals stecken;

und ich weiß, wovon ich spreche:
die welt ordnet sich fehlbesetzt
um diesen kern wahrheit;
nur: ‚*was hat das noch mit mir zu tun…?!*'

28. märz 2005

verbindung

landschaftliche gefühle
im wind
der freiheit,
ganz nahe – der weite vereint;
freundschaftliches, altbekanntes
neuland meiner seele,
alles, was ich nehme:
eindrücke von all-dem-was-ist;
alles, was ich zurücklasse:
fußabdrücke meiner seele,
sonst nichts.

alles-was-ist
im
zarten wind-spiel
mit
allem-was-ist…

29. märz 2005

…voices, voices, voices:

‚ladies and gentleman, your attention...'

‚...unbewachtes gepäck, oder verdächtiges verhalten umgehend zu melden...'

schon wieder: *‚mister browser plant, browser plant, please...baggage claim, level two...'*

voices – stimmen, ohne persönlichen gesang,
wiederholende, eintönige eifrigkeit
und – kein lächeln gespeichert:

‚mister bridget warfree, bridget warfree, please meet your party...'

‚attention porfavor, signor jose apunde, jose apunde,...'

‚...paging a topcare representative, please...'

lesen, hören im hintergrund – dann schreiben;
es beginnt zu interessieren in seiner
angeregten abgestandenheit.

‚according to florida law the orlando international airport is a non-smoking facility...'

‚ladies and gentleman, your attention please: for the safety and security of the travelling public please report any undetained baggage or suspicious behaviour. please insure all luggage to be under personal identity. thank you for your cooperation.'

‚mister bridget warfree, bridget warfree, please meet your party at the delta airlines baggage claim, level two, side b, carson thirtytwo.'

der ablauf der stimmen, ein ständiges strömen über
stunden – feste zeitabstände…

*‚meine damen und herren, wir bitten um ihre
aufmerksamkeit: um die sicherheit aller passagiere zu
gewährleisten, ersuchen wir sie,... alles gepäck muss
deutlich gekennzeichnet...'*

gestalten unstimmig schnell
unterwegs hinter glaswänden;

*‚mister bridget warfree, bridget warfree, please meet
your party at the delta airlines baggage claim...'*

ein korridor an menschen
ergießt sich stoßartig;
von unsichtbarer kraft beschleunigt;
ihre zeit-gerafft, landen sie –
wie herein geschüttet,
wie aus imaginärem würfelbecher gekippt,
ihre habseligkeiten vor sich her rollend,
vorbei am flugsteig-orakel – in der großen halle.

*‚attention mucheres y caballeros: para la seguridad
de la publica...'*

die letzten, verzögert jeweils; der boden vibriert
– von zeit zu zeit – in allen etagen…

‚attention please...'

‚mister bridget warfree, bridget warfree, please...'

‚all passengers...'

‚last call...'

‚last call...'

29. märz 2005

zeitzonen-zugvögel

...meiner eigenen liebe
ins auge sehen,
wie sie sich breit macht
und mein herz flutet...

ein mann mit dem blumenstrauß im arm;
jener mit der schwarzen beinprothese und
dem kind neben ihm im gleichschritt;
auch die zwei spatzen: fluggäste,
flughafen halle befremdende wesen,
eine schlange aus koffer-rollis, eingesammelt –
ewiges rad wiederkehr.

...reisende der ziellosigkeit
mit festem bestimmungsort,
eilende, suchende, verweilende
vor der anzeigentafel-wand:
bildschirmreihen-orakel in
blau- und gelb-grüner schrift:
'*aztekenkalender*',
wie ein fremdes abbild in diese zukunft.

zeitzonen-zugvögelwesen – und
jeder
findet
das seine...

29. märz 2005

südlich

…ein langer weg
wie im flug:
nacht + tag,
sterne, wolken, regenbogen,
spalierplantagenbaum-blütenmeere
vergangen.
mohn im aufspringen,
rotblut.

ich schreibe zwischen leitplanken
auf dem mittelstrich unterwegs –
wenn möglich,
unterbreche mich
manchmal im überholen;
schauen, fühlen, lenken…

südwärts –
ein langer weg
wie
im flug.

5. mai 2005

leben

wellen – auf mich zuströmend,
sacht, brausend,
einladend, überwältigend
und doch –
ganz für mich
bereitet:
augenblick um augenblick
hingegeben und vernommen
nachsinnen.

verspüren
da zu sein
lächelnd bewusst
ohne sorge, weil
alles fließt
und strömt
zu mir und auch wieder
fort.

– gehen und –
gehen lassen.

5. mai 2005

olivenhain nachtasyl

dunkle wolkengestalten,
petrol und purpur,
blass der bereits
abendliche himmel;
etwas abseits:
venus zwischen horizont
und dunklem wolkendickicht…

olivenhain, der mich
vor jahren schon genächtigt,
hunde fern – wie damals;
ein lichtermeer westlich – wie damals;
die bäume jahre gealtert.

olivenhain,
12 jahre älter + 40 tage:
christi himmelfahrt.
der abendstern funkelt schutzlos darüber
– im gehen.

die nacht
breitet weit ihre schwingen
aus dunkel und ruhe;
hundegebell –
blitze, wo morgens die sonne
alles licht spendet
tag für tag.

5. mai 2005

mohn-sichtig

sommerregen,
im mohnfeld stehen,
assisis türme – fern, dahinter;
warten auf die sonne…

gelb-rot, rot-gelb,
margeriten;
der boden karg:
steinig, rosa-gelblich,
mit weißen blöckchen dazwischen:

welches bild! – foto

zurücklaufen – gerade
jenseits des ereignishorizonts
regenbogen;
zurück durch den mohn, durchs
hohe gras am straßenrand,
nass über und über…
am asphalt…

rotblättrige zeichen der erinnerung
auf meinen schuhspitzen:
mohn-sichtig

6. mai 2005

des abends und der sinne wärme

warmes licht des abends,
die schatten
lang wie die
gespräche der frauen im dorf…

ich höre
die vögel
unermüdlich
rufen, klagen,
froh-lockend schlagen.

zarter wind
lässt alles tanzen.

6. mai 2005

narziss & goldmund

nun am ende dieses buches:
tränen fühlen,
immer wieder tränen
fühlen…

unter glühender sonne,
neben der wunderlichsten kirche,
im gemähten gras und heu eines feldes…
schatten, wie der padre heute morgen:
– streng und kurz, und unbarmherzig –
die sonne im nacken…

menschen kommen in autos
und autos fahren wieder ab mit menschen;
und staub stiebt hoch und ein milder wind
– kühler als der tag im mittag –
legt sich um die schultern.

gold & gelb in der landschaft
und den bildern…

drei bilder liegen, das letzte
nur noch zeichen;
3 zeichen: klein, mittel, groß & weit;
farbe, der pinsel werk,
farbe, des lebens segen;

zum auto – selbst nun fahren…
morgen schon zu hause
wenn auch ferne
von daheim…

8. mai 2005

dogma

nichts tun,
nichts geschehen lassen,
wofür ich dankbarkeit erwarte.
nichts, wo etwas offen bleibt
und wartet
auf etwas wie
ausgleich.

nichts tun,
nichts geben
über die kraft hinaus,
die den moment auf ihren schwingen trägt.
nichts, was rechnet,
plant und
nichts was wägt.

nichts was bindet.

freude sei und nur
ihr wille.

8. mai 2005

blütenorgie

…ein erstaunen
über dem land,
ein erfüllen;
prachtvoll – lust aus tausend blüten!
samenmeer, das sich ergießt:
pappel und akazie,
linde und kastanie,
weißdorn, holler, ginster…

welch duftende kraft!
der wärme ergeben:
blüten, blüten, blüten blühend aus
alles erneuernder macht
der freude;
kraft, die sich ewig
der wirklichkeit ergibt;
farben-alle
kerzen, dolden, körbe voll,
ein verfliegen,
ein verströmen;

da-sein ohne frage,
erfüllt-sein – orgiastisch…

8. mai 2005

duftiger morgen-tag

soviel mehr ruhe in mir
als noch vor jahren…

kleine blüten des unkrauts,
unscheinbare winzlinge
des ausgerissen-werdens,
wenn die ordnungshand
im spiel wäre…
der klang der dinge wenn sie weilen,
oder auch den wind zu sich holen
den bewegenden
land-streicher.

der vögel unermüdliche positionslieder
über der landschaft
– voller wiederkehr;
und – wolken als
vielgestaltige kundschafter,
luft-getragene geschwader
vor dem hohen blau.

meine seele singt,
fühlt gras-sein,
kiesel-stein-sein,
ich-sein:
schmetterlingsverwandt
sich nährend
auf der schönsten
blüte:
erde.

19. mai 2005

flugkunst

schwalben:
windböengleiche
gestalten der luft in
horizontalem sturzflug
über dem bergkamm;
welch abenteuer, zu fühlen,
wenn ihr
stromlinienförmiges wesen
den kleinen körper schwenkt
und – achterbahn meiner gefühle –
die richtung wechselt!
ein wildes furioso über
strohbedecktem,
kalkhellem rücken der
mont sainte victoire…
ein tanz
– mit dem wind –
– vor dem wind,
ganz nach belieben.

gottes geschöpfe
ein pfeifen, ein rausch,
ein freimütiges bekenntnis zur
freiheit und freude – so scheint´s
uns erdgebundenen.
und doch:
gehorchend dem ruf nach nahrung,
getrieben von glasklaren augen,
gelenkt vom willen zu sein.

26. juli 2005

…die welt – ein spiegel von mir

…am meer
stehen und den
mond
links liegen lassen
über den dünen.
die dämmerung
ins wasser
sinken sehen…

lichter der
fischer am horizont,
von wo
die wellen kommen –
aus dem
strömenden
ans land.

ich stehe
still;
ich lausche diesem atem,
diesem
wehrlosen werden.

17. aug. 2005

…sein

manchmal versteht mein verstand nicht – aber
mein herz pocht:
‚*frieden*';
manchmal will mein ego recht haben – doch
mein wesen will
glücklich sein;
manchmal erliege ich dem verstand – und
mein herz
leidet.

und immer wieder
liebt mich etwas
und wartet, wie wärme
wehmut vertreibt – und steigt.

und mein mund spricht dann
rechtes wort,
mein herz beginnt zu
denken und
dankend, fühlend bin ich
bei mir.

ich
bin
wieder.

19. okt. 2005

rote rose

…kaufe mir eine rose
eine leuchtende,
rote rose,
ein kraftding,
etwas für die freude.

…heute stiller groll
gewesen.
ich fühle schmerz,
meinen gram in der brust,
eine enttäuschung.
ich sage:
„einfach absurd, einfach ab!-surd!!“

abschiede von dem, womit sich
mein wesen verbunden hat in arbeit
und innerer kraft.
am ende des lebens dann –
von allem,
was gewesen ist,
geworden ist,
gemacht worden ist. und –
keine macht der erde mehr…

…kaufe mir eine rose,
eine leuchtende, licht-gewesene,
licht-gewordene,
ein kraftding,
etwas für die freude.

22. okt. 2005

chr. in uns

immer wieder
blicke wenden
von jenen
schimären und gespenstern
aus eignen schattenwelten
zur
freien gestalt von licht
in jedem
gegen-über;

im unter-grund
der härte
sitzt es: jenes kleine zaghafte
trauern der seele,
diese unendlich alte angst,
dass eine ausgesetztheit überbordet.
‚ausgesetzt in den tälern des herzens.'

lasst uns freude-steigen
mit ihren langen schwänzen der heiterkeit
wie drachen im herbstwind!
lasst uns kometen setzen
über den eignen stall!
– zeichen lasst uns
als könige suchen,
als hirten finden.

...den anderen
in uns selbst stets
neu erkennen.

19. dez. 2005

neich (neu)

…die du bist,
der i bin,
mit an lächln
bedenkn
und a freud gspüan,
dass i so wos sogn kann,
wia:
„*i lieb di*“,
ohne wos,
wos steat,
– ohne wos komischs,
wos si möd.

si beschenkn:
mi hean, der a du bist,
di hean, die jo a i bin.
– irgndwie
(…oba, a onders rum)

20. dez. 2005

‚...*über das leben.*'

ganz in verbindung sein,
ganz spüren,
was sich da tut an
– abwegigkeit:
nichts versäumen!
so ganz bei ihr sein,
dass nichts von mir verloren geht;
sich nichts auf irrwege begibt, oder
in diesem gewölk
selbst auch davon stiebt!

dreieinhalb stunden konzentration,
voll innerer zurückgelehntheit;
all den hass spüren im zentrum jener
stets rechtfertigenden wolke der verachtung.
menschenwürde versuchen
auszudrücken wie einen ‚*tschick*';

dazu ein erfülltes, stetes lächeln.
ein raumfüllendes gefühl des hasses,
als schutzschild, um
leid zu tarnen,
ver-lust zu ver-schmerzen;
meine seele treten mit bedacht;
vorsätzlich kränken.

und doch:
‚...genau wie ich,
lernt dieser mensch
über das leben.'

21. dez. 2005

si quieres…

sonnenwärme
bis zum grund meiner seele;

liegen und es
der katze gleich tun
– am dach –
nur
ohne fell.

31. dez. 2005

Zyklus: ***jetzt-zeit* 2006**

rinn-sal

alle anzeichen einstiger pracht.
palmenhain
steinalt und verlassen;
sanftes rauschen
begleitet den wind.
durchwärmter ort des schweigens:
barranco de la madre del agua.

glitzerndes nass
sickert zwischen steinen.
bambus-dickicht folgt dem feinen rinnsal.

keine menschenseele, nur
‚das brüllen der lämmer'
über dem tal.

hier ist es wo,
müde geworden,
die seele der erde
ausfließt, erfließt, rinnt…
dem braunen, kargen boden
grün schenkend als sich
ewig erneuerndes
eigentum.

6. jän. 2006

lebens-fuge

warmer strom des lebens,
wir trinken ihn mittags,
wir trinken ihn abends
und morgens
wir trinken und
trinken…

ströme des dankes
steigen an stämmen empor
wie frühling des seins;
und warme wolken der freude
hängen an tropfen, die glitzern und
wärmen die kälte und
tönende öde des winters,
fühlen verschleiertes knospen
in dunklem geäst.

warmer strom des lebens,
wir trinken ihn mittags,
wir trinken ihn abends
und morgens
wir trinken und
trinken…

ströme des dankes und
wolken der freude
ergießen sich luftig
vergnüglich
ins leben, erwecken
die bilder, die alten;
zur liebe geboren alles tote,
bekannte, erlosch´ne,
verwandte

warmer strom des lebens,
wir trinken ihn mittags,
wir trinken ihn abends
und morgens
wir trinken und
trinken…

1. febr. 2006

für kim: … *‚rück-flug'*

angesichtig werden:
eine kurze zeit
aus dem
zeit-losen treten,
lichtwesenskraft ins
leben zu tragen
auf wangen, stirn, mund…

voll des lebens
ein sagen haben, dass die welt
ein großes „*ja*" ist,
ein urgewaltig kostbares,
voll schwere-freude
um zu erscheinen,
um diesen eignen
weg zu gehen
zwischen lichtern und schatten;

hören wie menschen einander
wahrheit – wie perlen –
schenken und sie einander
ins gesicht sagen –
leben gefallener engel?
nein: menschen-leben.

…für kurze zeit
aus dem zeit-losen getreten,
lichtwesenskraft
ins leben zu tragen…

3. febr. 2006

…stetiges, sichtbares licht

das schlichte
genießen,
das, was so
ohne jegliche sensation
daher kommt, so alltäglich mit der kraft der
unbedeutenden wahrheit; mit dem, was ist,
und etwas wachsen lässt, das ohne kenntnis ist; wo
keiner weiß und doch
ist *es* da…

alter mann –
schlaganfall,
worte suchend,
die lippen, die dem mitteilungsstrom
nicht gehorchen. erinnerungen, die
bilder in diesen strom werfen…
diese bilder '*lesen*'
aus seinem raum der mitte –
ohne mich an die
wortfetzen, diese stolpersteine
zu verlieren. ein begreifen,
geboren aus warmem wollen…

verbunden mit fremdem menschsein
im bildreigen eines anderen lebens,
das da war, ist und ist und ist;
bis es dann
ganz
wahr
war.

5. märz 2006

moderner held

kurz entschlossen:
hinein in den see –
eine kalte woge
verschlägt den atem,
umspült die haut,
entzieht alle wärme
des noch jungen tages...

die arme rudern,
es strömt um mich,

kleines weißes treibgut
auf dem wasser – fern bereits –
zieht mich hinaus,
heftet den blick:
wie ein segel
vom wind ergriffen,
gebauscht und – verweht.

eine hand greift es;
atemlos – und:
zurück ans ufer...

im sanften wind steh´ ich,
alles prickelt, das blut rauscht,
zarte hände reiben den leib,
und ihr mund formt die worte:
„*du bist ein wirklicher held*!"
– endlich!

...weißer plastiksack gerettet.

13. april 2006

karfreitag morgen

...lichter buchenwald, später
edelkastanien –
braune blätter
laufen uns
im rückspiegel hinterher;
piancastagnaio und *marroneto*,
viate degli castagni heißen hier
die orte am fuße des amiata –
und *santa fiore*.

in der sonne sitzen: terrazza.
cappuccino mit crostate;
dem stumpfen klang
der turmuhr mit den fingern zählend
folgen:
9 uhr morgens...

tauben-gurrú,
hundegebell,
krähengezänke;
der himmel ohne wolke;
die heiterkeit unseres seins –
ohne worte...

eine karwoche im schlepptau...

14. april 2006

donau

sitzen...
fast geräuschlos
der fluss;
wandernde oberfläche
bis zum grund.
flaches wasser;

strömendes gleichmaß,
etwas, aus dem sich die zeit
fast zur gänze verabschiedet hat –
es ist.

es ist –
ein strömen:
bloß, nackt,
ein grauer spiegel
unter ebensolchem himmel,
– erntefeld der schwalben –
strudelndes,
glänzend blankes, wellendes,
querschnitt meines augenblicks –
im rechten winkel,
im rechten blick:
donau – ein moment,
vom schwarzwald zum schwarzmeer...

neben mir
schweigend, dénes,
mein
alter
freund.

18. mai 2006

hand-in-hand

...alle meine
ängste verloren;
alles was mich immer so
angespannt an mir festhalten ließ –
leise verflogen...
wohin? – dahin...

etwas ausgebrochen, etwas von
platz-haben in meinem herzen für mich selbst.
...wie fühlen des sommer-fahrtwinds
den arm im fenster; die landschaft –
ganz für mich zieht sie an mir vorbei
in ihren schönsten farben –
zwinkert mir zu – ohne wollen...
es weht so wunderbar mein herz mutig;
plötzlich spür ich´s: mein gesicht,
wie es dem tag zu lächelt;
wie lang wohl schon –?
mein herz reicht
lächelnd bis an die mundwinkel.
ich denke kurz:
sehen´s die menschen wohl?!
mein herz und die liebe so
hand-in-hand...?!
kein geheimnis – bloß, so ohne mühsal:
fast ein wunder.

leben, wie ich will – klar, und alles
offen wie der tag und ich kann *ja* sagen...

15. juli 2006

free spirit

ich *gelb*, ich *gelb*,
ich *blau*, ich *blau*,
als hund würd´ ich jetzt
wow-wow-wow...!

23. aug. 2006

san pietro di golgo

unter schweinen
zu füßen dreier riesen –
oliven, steinalt und
wuchtig…
frühstückskaffee;
apfelputzen, bananenschale –
jeglichen abfall von sich werfen,
zum fraß verwertet:
aller-seelen…

vom hund des abends
wieder begrüßt werden:
stummes freudegewinsel,
-gewusel, den schwanz trotz allem
zwischen die beine geklemmt –
auf den hund gekommen…
grauschimmel und *braunschimmel*,
– meister der langohrigkeit –
im kreis ihrer liebsten…
katze schleicht näher,
findet 'ihr' milchschälchen…
welche idylle! – am weg zum fotoapparat
wechselt ein stück käse
unvermittelt den *gourmet*.

11 schweine, 5 esel, 2 katzen,
1 hund und
der klang hunderter
ziegen-glöckchen
im zarten wind…

1. nov. 2006

passing corsica

eine dünne
schicht sommerlicher
wärme auf
meine linke wange
und nase gelegt;
ein wenig kühl
der nacken
im sanften wind;
alles andere
eingehüllt in
wärmendes textil –

einwintern...

die sonne über dem meer
steht tief im mittag,
das blau im westen
mündet im dunst
vor blauen bergen.

und keine 999 kilometer mehr
bis winter…

3. nov. 2006

lieb haben

du, anna du,
in deinem schönen,
königsroten pullover;
ich halt´ dich
im arm;
küss´ dich auf deinen
roten, sanften mund und
sag´ dir zärtlichkeiten, die aus dem herzen quellen,
dich wärmend hüllen…

wandern zwischen weinbergen
über quell-wasser –
den reif glänzen sehen,
zunächst
in der sonne
bläulich auf grün
am fuß der rebstöcke,
später dann
im schattenwurf,
längs der
fahrrillen unseres weges…

ein tag
zum verlieben
in dieses leben;
du, anna du,
in deinem schönen,
königsroten pullover,
mit deinen sanften lippen…

27. dez. 2006

Zyklus: ***herz-schlagend* 2007**

rein gar nichts mitgekriegt…

ein
marienkäfer
läuft
quer über mein bild
– zögert an
mancher stelle, doch
an
der
gegenüberliegenden
ecke schon
findet sich ein grashalm,
auf den
er
sich
absetzt…

5. april 2007

abendliches schauspiel

im schatten des abends
verschwinden die farben des tages.
am horizont des meeres
lagert ein heller streif zarten blaus.

die klänge werden
einsamer.
das klagen der möwen wetteifert in eigner weise
mit der sanften dünung der wasser am ufer.
türkisblaues meer trägt späte boote.

vor sonnenuntergang glitzert ein
leuchtendes band –
alles tuckert heimwärts,
möwenschwingen breiten sich
weiß strahlend über das wasser,
sogar das trockene gras zeichnet nun
seine unscheinbare gestalt vors abendlicht.
insel für insel – wie hingeworfen.
mondsichel – noch ohne ihre *venus*.
gefärbter horizont:
asch-fahl und rosenrot.
fischerboote weit draußen funkeln mit licht.

fernes boot – weltuntergangsdröhnen,
wie von einer fernen kriegsfront –
unheimlich fast,
fährt den horizont lang…

ameisenbisse am hintern
– ein erweckendes brennen.

18. juli 2007

strand-gespräche

langsam mit drei fingern ihren
arm liebkosen, zwischen
schmalen knöcheln seine
oberfläche streifen und sie
dann zu den ellenbeugen hoch führen
und mit dem daumen in den
achseln poolen…

bemerken, wie mein unterarm
ihre brust
berührt und die kleine
erhabenheit unter dem bikini top
bewegt, ganz sacht – wie zufällig…

da liegt sie in meinem arm
am strand, die augen
sanft geschlossen.
an ihrer nasenwurzel
reiben, wissend, dass sich
ihr mund meinem finger öffnen
wird, die lippen sich entgegenwölben
und ein sachtes begehren ihren körper greift.
…so ist es.

den nacken mit kleinen
bissen und küssen bedecken,
lippenabdrücke, die im wind kühlend
zurückbleiben.

das meer vor mir, die menschen in ihren
leibern – zahllos in gesprächen…

15. aug. 2007

zwischenraum-sein

fast peinlich berührt…

wenn worte die
sinnlichkeit
berühren mit jenem hauch
zurückhaltung,
jener prise reduzierter
direktheit –
ein wenig nonchalant –
und jenem ausdruck an
zielstrebigkeit,
welcher der zeit alle länge
raubt und – gewährt,
doch voll der
fraglosigkeit,
welcher alles leben seine
entfaltung verdankt, seine
geradlinigkeit…

fraglosigkeit:
sie nimmt sich
alle zeit der welt
und wenn´s ein moment nur ist,
wo die zeit ohne werden und
ganz bloß
dasteht, stehen bleibt:
zwischen den zeilen
rastet
der augenblick.

19. aug. 2007

kauf-wirklichkeiten

gewissheit finden, ob ihr steht,
was die weiblichen augen
lockt: „*ich nehm's nicht – sicher nicht.*“
„*schade, denn – das hat 'was.*“
„*nein, das sicher nicht! aber – ich führ's dir vor.*“
„*warum eigentlich nicht?*“
„*weil du mir immer 'was einredest...*“

anziehen und
drehen.
der spiegel sagt: ‚*ein bisserl klein, aber doch*
nicht – gänzlich unmöglich.‘
anderes versuchen: ‚*dies*‘ und ‚*das*‘,
gedeckteres und etwas sehr ähnliches, wie dieses
'*das-sicher-nicht!*'...
sie: „*wie ist das?*“
ich: „*das entspricht mehr deinem alter.*“

jetzt sie kurz alleine lassen
in der entscheidungsfindung
und dann etwas wirklich fades wählen,
sodass die augen sich doch
liebäugelnd mehr und mehr
dem '*das-sicher-nicht!*' öffnen können.
„*bloß keinen ladenhüter kaufen! ...*“
ich sage: „*also wenn das ein ladenhüter wird,*
dann ist's jedenfalls ein sehr frecher...“
das sitzt...

...gekauft!

19. aug. 2007

abends II

der tag
versucht
mit aller kraft
d´runter zu verbleiben
– unter allen artungen unseres verstehens.
nur eindrücke unserer seele,
die wir
dem großen strom des
tag-seins überantworten…

hört keiner die momente –
wie sie ins da-sein tropfen,
niemand die glocke, welche
stunden zu schlagen vorgibt…?!
spricht denn niemand ein machtwort,
wo sich ein bild zu verfangen droht um
festzurasten…?!
keine rast – kein aufdröseln,
kein aufdröseln – keine vermeintlichkeiten,
keine vermeintlichkeiten – kein…

horch! – ein zweites mal die
neunte-stunde-des-abends
schlagen hören, tönend in
derselben landschaft…

wisst ihr was?! – lasst doch
den tag nacht werden,
um auch der nacht
tag zu schenken.

23. aug. 2007

notre dame de glaive I

jeden abend eine
neue einmaligkeit finden,
um sein kleines ‚zu-hause',
an der schönsten stelle aller
abgeschiedenheit,
herzustellen. so auch
heute: ein terrassen-rund
– alt, über dem abgrund –
mit 12 zypressen –
eine gefällt –
um die zentrale säule,
thronend in der höhe:
maria mit dem kind.

in der abendsonne sitzen
am felssturz, der blick:
über provencalische wälder schweifend,
eine pasta schmausen,
mit etwas rotem anstoßen
im abend-rot. reste von
zivilisation herauftönen hören – von irgendwo, fern.
ansonsten nur das summen
letzter versprengter fliegen…

so die sonne hinter der fernen
sainte-victoire versinken sehen, und
– alle farben verblassend –
wird *jupiter* dann im süden sichtbar
und im osten der bald schon
volle *mond*…

25. aug. 2007

notre dame de glaive II

weiter blick in den westen
am morgen:
besonnte landschaft, versteinert:
geschichteter meeresgrund:
äonenalte, aufgetauchte formen
in schräglage – wie schiffe.

vogelflug über uns weg in
stetig wechselnder formation:
30 tiere etwa – wildenten…? –
von ost nach west;
richtung nehmend zur
sainte-victoire –
schon verschwunden…
minuten später – die nachhut:
6 vögel im
vogel-v über
denselben berg,
in selber richtung.
und als letztes:
noch ein einzelgängerisches…

etwas
liegt
in der luft.
wege, die
verborgen sind…

26. aug. 2007

…keine 11 goalis!

wie auf der linie stehen
zwischen seinen 2 torstangen:
mein sohn – fühlen, was berechtigt ist,
was stimmt in dieser mitte,
vor und hinter einem…

ja, es braucht defensive kräfte und
dennoch: es braucht auch
stürmer des herzens.
es braucht auch jemand,
der fühlt – *was-es-braucht*;
jemand, der die wege bereit ist
zu laufen und es braucht
vor allem jemand, der aus sich selbst
weiß, wohin '*es*' gehen soll,
was gewollt ist im innern, gewünscht…
jemand, der den entscheidenden pass riskiert,
der mit seiner gesamten aufmerksamkeit
im ziel seiner wahrheit zu ruhen bereit ist.

manchmal – ist das '*einzig sichere*' im leben
volles risiko zu nehmen,
unwissend – wissend…
manchmal: das ziel-führende
abwarten.

wissen, was *berechtigt* ist – stimmig
im herzen; etwas, was die eigene liebe atmet
und dann: den verstand *berechnend* zu diensten bitten
und – los geht´s…!

8. okt. 2007

das leben selbst

blätter decken
die feuchte des bodens
nacht-gefallen –
tag-gefallen –
nacht-gefallen.

es ist ein rauschen im
blätterwald:
ein warmer wind aus
morgen
verbläst die vögel
im blau,
die wolken
entfernt er
vom licht…

nichts im leben – wichtiger als
das leben selbst.

…fliegen finden immer noch
genug nach dem abwasch.

ich lerne lieben.
was sonst noch?!! –
mich und die anderen hier,
das leben als
bild eines
großen, großen zutrauens…

31. okt. 2007

Zyklus: *ja* **2008**

farb-wahl

ein
langer schwung strand, dunkel.
stehen – in schwarzen sand
getaucht: meine füße.
die nase in den wind stecken.

meinen augen gegenüber: das meer.
ein spätes glänzen, bis
in meinen augenhintergrund und etwas wie
ein sanft-drängendes windspiel auf
meinen körperhaaren
– ich fühl es – angesiedelt
irgendwo zwischen
warm und kühl,
ein brausen im ohr.

unter mir zwei bilder:
viel an wärme des tages;
und die farben der montaña:
orange, braun,
schattiges indigo der felsen und
das gelb meiner hose –
ein letzter kanarienvogel
aus dem norden – lang
nach deren aussterben...

8. jän. 2008

atmosphärisch

el bar y los hombres:
von drinnen
die stimmen der männer
am tresen – laut, beisteuernd,
was es halt so zu sagen gibt.
wein, likör, zigarren.

scharfes, raues spanisch von rechts –
sing-sang von links,
gelächter, kehlig von
irgendwo im raum,
cognac, kreisend geschwenkt
in weiten gläsern;

barraquito: ¾ gesüßte milch –
kondensmilch – drauf ein espresso und
ein doppelter schuss ‚*tia maria*'
– rum de jamaica –
kaffee-likör, vanille und
gerieb´ne schale von
lemonen…

fluchtplatz der männer:
chrom, glas – modernes flair
hoch über der küste,
im fernsten westen europas –
sonntägliche freiheit von daheim.
frauenstimmen – lediglich
hintergründiger aufputz aus einer
jukebox.

13. jän. 2008

paragleiten

mein flug – gegen mittags in
mittäglicher sonne, die steilwand lang
– kreuz-weise – absolviert.
was da von unten nach oben blickend sich ausnimmt
wie zwanghafter anflug akuter müdigkeit des lebens,
es entpuppt sich in den lüften als leichte, unfassbare
windgetragenheit sondergleichen.
letztlich dann doch weg von der wand –
die kante hinter sich lassend und
übers meer hinaus, über dieses
türkisblau ozeanische feld mit
weiß-gischtenden ausläufern am
anthrazit des strandes und –
landen gradewegs dort…

nun wiederum: am abhang sitzen
oberhalb der steilwand – erste kante –
die abendsonne knapp über dem horizont,
wärme auf unseren gesichtern. warten –.
warten – ‚*por el vento*'. doch der *nord*
verwahrte sich dagegen – nach ellenlangem *süd* –
mehr denn 10 minuten zum *west* zu werden.
warten – selbst wenn´s nichts anderes mehr würde
als lediglich abend…

flaute letztlich: wind-schlaf,
abendsonne, vogelsang,
ein paar stimmen – und
die zeit, die uns
in richtung 'spät' begleitet.

13. jän. 2008

erlaufsee

auf eisigem grund stehen – ausgebreitet –
eine weite im sonnenlicht und '*abgründiges*' hören,
wie '*es*' arbeitet, sich artikuliert und wehmütig
spannungen kundtut – gefrorenes leben;
untergründiges, selbstgesprächiges plaudern:
fahl schimmernd, ein dumpfes jaulen und schnalzen.
ein paar schritte gehen, knirschend…
äste, steine und blätter eingefroren, vertieft in
winzige höhlen gebettet und
spuren von tieren im zarten frost-laich der nacht…

bemoostes gestein dann
am strand und die
pulsierende sonne auf
ufers spiegelndem eis
– das wirkt wie
ruhendes wasser;
und aufgeworf´ne
hauchdünn-kristall´ne schollen.
lichtreflexionen – haltlos, bunt und
zwitschernd wie vogelgesang
huscht´s über die blauen
schattenfarben der bäume…
begleitet von diesem stets wandelnden,
dumpf-tönenden klagen des eises…

palmkätzchen – wie spinnweb
im blendenden licht und
rauer krähenton im
drüber-hinweg…

11. febr. 2008

matinee

trockenes blond auf
sandigem boden;
feinstes zittern im
windhauch
– was sage ich – im
flügelschlag der zikaden.
gemächlichkeit
unter olivenbäumen verborgen;

der klang von vogelstimmen
zugedeckt von der
monotonen vielfalt dieses konzerts:
zikadenspiel – unermüdlich,
mimimal-music par excellence,
unerwartete wendungen zwischen
einheit, rhythmenwechsel,
gegenschlag und gehaltenheit;
von 9:00 bis 9:00
– morgens bis abends,
davor, danach nur
vereinzelte akteure ohne
sozialpartnerschaftlicher solidarität.

3. juli 2008

trockenzeit

querfeldein – eine
endlose prozession.
blätter- und nadelschwingende
akteure mit blüten
geschmückt,
beladen
auf
schmalem
saumpfaden
unterwegs

– trockener boden –
über stock und stein, eine
zielstrebigkeit sondergleichen:
‚*ernte-dank*' – es bis in die letzte faser sein!
ameisen – harte schale, weicher kern…

ein gemeinsamer wille vereint
die kräfte; feier und tat – geeint.

nichts, was solche beständigkeit beengt,
nichts, außer vielleicht
der regen, der diesen landstrich
zu meiden scheint, wie der
teufel das weihwasser…

3. juli 2008

erhabenheit

windböen kühlen den aufstieg,
gefährden den tritt am gipfel;
riesenblöcke, über die
der aufstieg führt: granitenes urgestein
– waldviertler blockheide 100-te meter aufgetürmt –
die größten brocken blieben auf diesem
steinfeld zuoberst – bis hin zum gipfel;
dort aber hielt der größte sich:
erhaben unbegreiflicher akt der
gleich-gewichtung – jeglicher vernunft spottend.

neben dem abgrund über eine
spalte springen, sich über eine zweite
hochschwingen und unter einem
riesensteinpilz-schirm durchschieben,
der dem brustkorb eben genug platz
zum tief-durchatmen erübrigt;
dann die letzten griffe, durch einen
kamin hangeln – und: oben!
der kühne block schwebt direkt vor einem:
l′ uomo di cagnia – jahrmillionen
hoch über dem blau des meeres
und der küste.
der horizont auf augenhöhe – wie immer,
sardinien im süden – etwas wolkenverhangen.

anna festhalten und drücken
bis der anflug von panik und zappeln
sich legt und
den rückweg ermöglich.

8. juli 2008

sonnenuntergang

stundenlang gemalt;
bilder – leicht,
klar in den farben;
winzlinge von sandfliegen
in den letzten sonnenstrahlen
tanzen sehen.
ein wilder, stummer
sonnengesang – zu
zerfahren für unser
langsames auge,
zu willkürlich
um zu folgen:
ein stetes fallen und steigen,
steigen und fallen…

auf dem orange meiner hose
eine fliegenschar ruhend.

auch der wind hat sich
nach minuten der stille
auf den heimweg gemacht.
die vögel finden ihre
sprache wieder,
das warme licht der sonne
wandert hinter mir
die stämme der föhren hoch und
lässt darunter ihr
grau-blau der rinde zurück.

abend

10. juli 2008

nacht – morgen

diese ruhe der nacht hier heroben…!

das offene auto – wie ein *samadhi-tank*;
…hatte ein beständig leises brummen – wie
'*kommendes auto*' im ohr, nur
da war keines…
das einzige, das vorbeifuhr in der nacht,
kam als lichtkegel – völlig überraschend
und verschwand mit angehaltenem atem
in der dunkelheit des nordens.

gedanken kamen: , *siegen*' oder ‚*gewinnen*' –
siegen *über* jemand, gewinnen *gegen* jemand –
da steckt der gegner drinnen, der
herausforderer; das, was im großen
spiel der kräfte alles mögliche erweckt:
kreativität, mut, ausdauer.
ich entschied mich für , *gewinnen*'

heute früh – um halb 10: das erste auto fährt vorbei.
wir stehen auf, schweine kommen,
traben als kleine herde an uns vorbei
in den tag – sau stark.
mein leibchen – so wurde ihm
bescheinigt – verdient
mittlerweile das prädikat , *grauslich*' und
wird als ungeeignet für die
ex-hauptstadt *corte* befunden.
obwohl ‚*luftig*' – fände ich –
träf's besser… ☺

12. juli 2008

grand canyon

nur fern
im westen leuchten die felsen
rot im letzten licht.
nachtblau
erobern die schatten
schichtung um schichtung
die plateaus,
tief unter dem blick;
die talflanken wandern sie hoch,
nehmen ein dunkles
bänderwerk in ihr
schattenreich auf.

immer glühender alles erhabene,
kulissen in
rotorange vor einem
undurchdringlichen indigo.

großes welttheater,
in dem erst die nacht den vorhang
fallen lässt.
die schatten
erreichen
den horizont.
die nacht erhebt
ihr sagen.

mich
fröstelt,
friert…

12. okt. 2008

endlich wieder wach!

zwischen
steinwänden – roter stein
hochhäuserwände hoch,
glatt – *glen canyon.*
die erhabene köstlichkeit dieses
erbarmungslosen volumens
an erde in all ihrer wucht.
unfassbar!
eine kerbe an monumentalität
unverhältnismäßig und
rigoros.

dann
zum wasser dieses sees –
glitzernd gegen den osten,
blendend.
die landschaft dahinter:
felsplatten, wie
hingeschissen von einer
gigantenhaften bisonherde.

krähenruf über mir,
– sonst nichts…
dann ein ferner l kw,
dessen hohes dröhnen
ein sanfter wind herüberschallt.

welch ein morgen –
endlich wieder
wach!

14. okt. 2008

erdkruste – ***bryce canyon***

sonnenglut,
protuberanzen und flares
hochsprühend
bizarr in stein gebanntes land.

schößling um schößling
aus rotem sand – ein
amorphes nadelkissen –
nur millionenfach vergrößert,
keramisch – wie unter einem
raster-elektronen mikroskop:
verwegen, ehrfurcht heischend…

den blick
hinab gewandt:
furcht einflößend – ein schattenreich.

erde, in ihrer
tiefsten intimität.

am kamm entlang,
die menschen hinter sich
lassend, wird stille
bewegungslos,
majestätisch, verstörend fast,
zutiefst fremd auch.
eine große scheu im herzen.

‚so stell ich's mir am mars vor!'
sagt mein sohn.
ich widerspreche, doch…

15. okt. 2008

strip – las vegas

häuser aus den
historienmagazinen europas:
venedigs campanile neben dem
dogenpalast; der eifelturm, die
freiheitsstatue, …,..*.baby we are born to run.*'
vorbei am römischen brunnen des
caesar palace – bezirkshauptstadt
'forum romanum' – quasi.

es spiegelt, es tönt, es strömt…
autos den *strip* entlang – schilder, reklamescreens,
shows to be – elton john, , *stomp out loud*'.

die gondolieri schmettern ihre lieder
auf einem km-langen canale
im inneren des etablissement *venetian*:
künstlich abendlicher himmel
– himmelblau – flach – endlich,
mit ein wenig wolken und
aus verschied´nen blickwinkeln
schillert da und dort so mancher ‚stern' –
schlecht und recht getarnte sprinkler-sensoren…

der geruch von *bodyshop* in der luft –
all along the shopping mile von der
venezianischen piazza zum *palazzo*
– immer entlang des *canale*, gondelbestückt.
und auf jeder gondola
(er)bricht den gondolieres ein
liedchen von den lippen…

16. okt. 2008

zabriskie point

ein
heißer windhauch über einer
heißen, hellen öde.
tal um tal:
– kleinteilig
von weitem betrachtet…

gelb, fast schwefelfarben.
zerfurchtes, wildes land
trocken.
gleißendes licht
unter einem
stahlblau herbstlich klaren
himmel.

die sonne heiß im nacken
folgen wir
unserem langen
schattenwurf.

17. okt. 2008

ahnenstamm

riesen mit
bastartig weicher rinde – eine
echte *rothaut*, von
etwa 3000 jahren:
sequoia – 100 m hoch.

herausragend hohe
kinderbäume in der
altehrwürdigen krone – alle
selbst weit größer als die
höchsten pinien rundum:
enkel-, urenkel-, ururenkelwesen – alle
an einem einz´gen stamm vereint!

yosemite national park :
...die ältesten,
die unfassbar größten,
lebewesen dieses
lebewesens
erde.

18. okt. 2008

baker beach

der
ozean flutet
schäumend vom westen und
löscht unsere wege mit
jeder größeren welle.
die sonne sinkt hinter
den horizont und zeigt
ferne gestalt:
ölplattform vor der küste
– wie ein schlachtschiff
vor der großen teuren scheibe.

letzte wanderer stehen… gehen heim.
strandläufer laufen den
zurückweichenden wassern hinterher.
hektisch pickend,
holen sie kleine beuten
aus dem feuchten sand.

funkelnde
lichter bewegen sich über
die *golden gate*.
pelikanschwärme
ziehen dunkel,
in fester formation
über uns hin;
ferne lichter werden an land geboren,

meinen dank dafür,
dass ich bin…

20. okt. 2008

pazifik

durch die dünen hin
dem geballten rauschen entgegen,
bis es uns zu füßen liegt.
wasser, spiegelnd, entgrenzt,
grausilbern vor uns hingebreitet
– schonungslos dem kontinent bestimmt –
sich an den strand werfend…
ohne kleider ins wasser:
welche kraft schiebt da, saugt, zerrt
von allen seiten am körper – unterspült,
überspült alles: sich der wucht entgegenstemmen.
möwen schweben über der wasserfläche,
grad dort, wo sie sich ergießt, zurückzieht, ergießt…

…ein reiter trabt am strand lang.

ich selbst: hinaus bis zu den wellenkämmen und noch
weit drüber raus, wo nur noch
sog und wucht die wogen begleiten:
mitfloaten, aufrappeln, rauslaufen.
hinein in hose, schuhe, etc.

droben, auf den dünen, sich
nochmals umwenden: weit draußen –
helle flächen von licht.
stehen, staunen – stumm.

morgen um diese zeit
geht die zeit hier
– endgültig –
zu ende.

26. okt. 2008

Zyklus: *zeit-losigkeiten* **2009**

strand-gängerisch

dahinschlendern
unter einer bleiernen sonne.
bläulich und gelb auch,
über dunkler wolkenwand und
oberhalb auch all der
schlängenden gischtzungen.

algen ans land geschwemmt in
strahlendweißen würfen der gischt,
die hochrollt und in ihren ausläufern
die schäumenden bläschen –
schweigend, tonlos fast –
platzen lässt.

manchmal
ist der sand unterschwemmt
– ein teppich aus luft und tang darunter.
wie in zähen moorgrund
sinkt
mein
fuß.

ein einzelner
weißer vogel
über mir…

1. febr. 2009

südlich

duft in der luft…

zitronen, orangen – blüten und früchte an
jedem baum. uralte oliven mit ihrem
silbrig blaugrünen laub;
weiße pracht der mandelplantagen und
ein meer gelber blüten zu ihren füßen.

die serpentinenstraße fahren
zwischen pinienhainen und zitronen
bis ans meer: *‚sant elm'*.
welches gleißen jenseits der brandung!
türkis-grüne wasserflut, sandstrand,
palmen und pinien vereint.

schlendern, lunch in der sonne;
malen am hang – wind-schattig
auf einer wärmenden lichtung mit
blick übers dorf aufs blaue meer:
das *premiere 09* bild… ☺

erste ginsterblüten, palmblätter –
büschelweis – direkt aus dem boden.
vor uns, zu füßen, die *dracheninsel.*

dann im *el pescador* mit blick auf das
schaukeln der fischerboote vor *san panthaleo*:
un aperitivo – *palo.* shwarzbraunes,
heftiges getränk
– on the rocks… der duft von
gegrilltem fisch.

2. febr. 2009

hingabe

auf einem planeten,
an seinem blauen meer,
das tost, sich ans feste land wirft:
unerbittlich und mit
herzbewegender unerschütterlichkeit.
türkis-blau zu grau-braun
gewandt – ausholend, höhlend und
sich überwerfend, mit solch
verinnerlichter kraft, dass
vom bloßen zuschauen
mein herz staunt,
angesichts dieser art
zur schau gestellter energie.

wie das
balzen eines tieres:
wild, unbeherrscht und
groß, im kampf um hingabe und fortbestand:
blind. gänzlich innerhalb und doch auch
jenseits schon der
leidenschaft und liebe.

ich aber –
schaue,
verliere mich
an dieses schauspiel der
hingabe, bar jeglicher absicht,
zu meinen füßen;
in dieses
brausen in meiner erdseele.

3. febr. 2009

jardins d´alfàbia

...welch kleinod
maurischer kunst:
ein pfad
quer durchs moos
– tropenfrosch farbenes grellgrün –
flanieren...
letzte strahlen sonne unter
palmenstämmen;

hoch droben:
turbanartige gebilde
kunstvoll
beschnittenen blattwerks;
darüber, weit ausladend,
jeweils ein
palmblätter-sonnenschirm.
und so: säule neben säule,
modrig braune stämme, als
wegbegleiter durch dieses
quellend üppige grün.
arabeske wasserbecken,
fächerwedel bis zur
spiegelglanzfläche
– zwillingsbilder, voll
narzisstisch schöngestaltiger
kraft der stille.
steintreppenläufe, springbrunnen,
plätschernde wasserwellen-kränze, die
weite, sanfte muster bilden.

3. febr. 2009

auftauchen / eintauchen

mallorcas
nordwest-küste:
jede einzelne form einst
lebendige substanz:
korallenriff-spitzen
– jahrmillionen her –
dem südlichen kontinent
vorgelagert. heute jedoch:
kulissen, am
meeresstrand
gereiht.

goldglanz der bilder
– auf den hintersitz gepackt.
vor mir: eine sonne, glühend über dem
glattgestriffenen horizont-tuch
balearischen meeres,
bereit
zu versinken,
wieder einzutauchen
ins späte nachtblau
der wasser.
jetzt!
ihr gepresst-sein sehen,
die glut später stunden,
ein berührt-sein.

unweit davor: ein
ferner möwenschwarm…

4. febr. 2009

morgen-land

sonne
hat den
frühen nebel schon vertrieben.
kaffeegenuss auf einer wiese
inmitten 1000-er neugierig sich öffnender
gänseblumenköpfchen.

myriaden
pittoresker tautropfen
in allen farben.
das blöken der schafe
aus der ebene,
der lerchen changierende stimmen
im chor.

schwung der landschaft
im süden –
schneebedeckt, im westen
die *monti sibillini*,
im norden der
gesteinsrücken eines
urzeitlichen *tyrannosaurus rex*...
der schrei eines fasans, hähne, eine hummel.

1000-de offene blütengesichter
rundum mittlerweile,
traubenhyazinthen auf
schattiger ostböschung.
alles grünt, schmetterlinge segeln…
welch vielfalt – ohne jegliche
aufgeregtheit.

3. april 2009

gran sasso

blauer himmel,
schwarzer himmel –
regenbogen vor dem
dunklen grün des
gegenhanges.

im talgrund
mit dem
gurgeln der wasser
gehen.

weidengehölze – knorrige
alte bäume – bemooste und
verdrehte rindenschalen.
primelgelb und
silberglänzendes sprudeln,
rossäpfel auf jungem gras.

…es war einmal
landschaftliche kultur
hier beheimatet.
relikte:
schlehenhecken,
palmkätzchen,
heckenrose
– allerletzte schneeflecken.

3. april 2009

kraftorte

etwas südlich von *l'aquila*
hinauf bis zur pass-höhe;
wegscheide. schotter unter den füßen.
oben dann: kühle abendluft.
der berg rechts,
ein hügelweg links, gewunden.
ein kreuz – rostiges eisengestell.

halt machen. schauen
in eine weite, freundliche ebene mit einem
fernen ort, geschlichtet und getürmt,
wie alle diese bergdörfer und städtchen.
nur vogelrufen. keine stimmen.
klare luft, späte ruhe…

frühes nachtblau über dem
appennino abruzzese und
seinen schneebedeckten graten,
feldern und kerben.
abendliche kühle auf der haut.
beim hinuntergehen am wegrand,
eine höhlung, kaum meter-hoch.
geschützt und plastikblumen-geschmückt
findet sich darin eine marmorne statue:
madonnina della roccia kündet eine
marmorstele, abseitig

kleinodien-artiger ort
bäuerlicher andacht,
hoffnung und kraft…

3. april 2009

bergwiese

die
nacht
mitten in
archaischen landschaft verbracht:
monte velino – eine
zweieinhalbtausend meter
hohe schönheit.

die sonne begleitet
bereits unser erwachen,
verlässt zögerlich die
süd-östliche bergflanke.
steigt und steigt…

zwischen vogelsang und dem
wind im dürren eichenlaub:
unser frühstück.
kaffeegenuss, müsli und
jene happen *freien seins*,
welche
das leben auf einer
solchen reise
täglich
süßen…

4. april 2009

campo imperatore

knapp nördlich *l'aquila*
in den bergen:
die straße gesperrt.
zu fuß hinauf über
schneegebleichtes,
blondes berggras.
safrankrokusse auf jedem
schneefreien flecken.
einstmals dunkle gänge
– weitläufiger wühlmäus-labyrinthe –
von der österlichen wärme
bloß gelegt.
heller stein,
diverse almkräuter,
jägerbrot eines letzten sommers
– betagt an tagen…

schnee-scheckiges hügelland,
wo der wind
im ohr faucht.

ein sirrender lerchenton als
steter, treuer begleiter
durch diese späte landschaft.
kleinste blüten steinbrech und
huflattich, moose und flechten:
rossäpfel. der letzte
kristallne schnee,
bestäubt und gebräunt von der
vielfalt feiner samen.

5. april 2009

narr & könig

am strand sitzen
über stunden hinweg – nackt.
malen, malen, schauen…

malen, die wärme spüren, den
milden wind.
alle sinne geweckt und freudig.
ins wasser steigen zwischendurch,
die kühle – dann die kälte –
spüren, von den zehen in die waden
hochsteigen, mit
jedem schritt tiefer hinein.
fühlen, wie ein leichter sonnenbrand
bereits den nacken spannt.

…hören, dass die stadt
l'aquila, wo wir
gestern noch des abends
waren, nachts dem
beben der erde
zum opfer fiel: hunderte tote,
tausende ohne obdach…

…rückblickend begreifen, dass
intuition, unwissend-weise
voller eigenmächtigkeit
– und naturgemäß
kritisiert – mich spontan
im allerletzten moment die
festgelegte route ändern ließ…

6. april 2009

erwacht liegen in der nacht...

ja, ok – du bist wer anderer. ja, ok – du gehst, kannst
gehen, wohin immer du willst.
ja – du kennst mich einfach nicht mehr.
ja, und es ist gut so. und es ist so möglich,
weil du wirklich verbunden – besser:
mir verwandt bist. weißt, dass diese liebe trägt,
dass du gehen darfst, *wohin* und *wie* du willst, weil du
dir sicher bist – es so *ist.* wie wunderbar,
dass du das wissen kannst.

oh ja: wir alle sind wer anderer. wir alle sind
getrennte. wir alle haben nur uns selbst –
und es ist gut so. wir alle haben – *just ourselves*
– und da drinnen – einander erst, wenn´s
das herz so haben darf, wenn das herz diese weite
haben darf – haben wird.
wenn alles andere in uns schweigt.

egal, wo du stehst, wo du bist, was du tust.
was du sagst – was ich fühle.
was du fühlst, was du sagst.
was ich fühle, was ich sage – und auch nicht sage.
wo ich bin, wo ich gehe, wohin ich gehe,
wohin ich komme, oder nicht komme.

du bist in dir – als gott. ich in mir – als gott.
da ist soviel all-eins-sein, so viel.
so große weite, nähe. da ist so viel:
so viel mein, so viel dein. so unglaublich viel
sein.

21. april 2009

‚am straßenrand bedeckt mit staub…'

erdbeerblüten, saftiges gras
red bull – nicht nur in der
formel-1 unterwegs – nein, auch hier,
im gras… nur – flügel hat´s keine verliehen

taubnessel, junges baumgrün,
samen im gegenlicht und sanft vom wind erfasst.
bienen versunken in löwenzahn-gelb.

coca cola – die nächste weltmarke
in leichter aludose und
am straßenrand bedeckt mit staub…

specht hämmernd im hochwald neben mir
am werk, kuckuck, hähne von fern…–
zeit und atem haben,
um auf den nächsten
schlag-anfall zu warten,
lauschend…
ein meisen-pärchen,
das seine
jungen
atzt.
sonnenflut, kontraste im wald,
holz im wald,
vogelruf und
als drittes im bunde:
puntigamer – dieses '*bierige bier*'.

und abschließend noch:
red bull – ‚die zweite'…

22. april 2009

baskenland

eine landschaft wie
geschaffen für:
'nichts-als-schafzucht'!
die steilen weiden
herausgeschält
aus dem
mischwald.

das blöken der schafe
schallt von weit
über das hochtal her.
ein heller zug
bewegt sich weidend
jenseits der steile
in einem flachen kessel:
glöckchenläuten und
hin und wieder
das bellen eines hundes
nah seinem hirten.

an ländlichen
menschengesichtern
sind wir vorbei – freundliches
winken – und ihre freude
in den gesichtern
vertreibt glatt
die erinnerung an ihre
befremdliche
zahnlosigkeit.

22. juli 2009

wanderung

was zunächst
von mir
als spaß
gemeint war
und geäußert,
entpuppt sich
letztlich glatt als
ernst der lage: der
‚rundweg-in-lieblicher-landschaft'
beginnt wirklich dort unten:
tief im tal.
daher: vorbei an schwalbenschwänzen
und farnkraut über geröllsteige die
280 höhenmeter in einen
wind durchwehten talgrund steigen.

edelkastanien, buchen,
brombeere, johanneskraut und
weißdorn.
das bachbett: staubtrocken.
erika, schierling, farn – üppiger wuchs.
glockenturm-klang von weither.
glocken-klang auch von
ferner weide.
später: stechapfel, heidelbeere, lärchen und
wacholder

schließlich: verlaufen in buchenwald!
und tschüss – retour.

25. juli 2009

abendlich

das antlitz kastiliens:
blonde landschaft,
sonnenblumen – felderweit,
alle köpfe im gegenlicht – ostgewandt.
erntezeit.
wo leben hier bloß
die bauern?!

ortschaften:
wuchtige kirchen –
alte steinbauten, und
rundum ein paar kleine
häuserchen – luftig.

kartenspieler an den
tischen einer einzigen bar.
doch: hauptsächlich
landstraßen, güterwege
oder einfach
feld an feld.

antlitz kastiliens,
voll des geruchs von
trockener erde,
heu und einem
blauen himmel.

25. juli 2009

siesta am ‚*camino*'

zwischen zwei
fernen hügeln auf
ebenem feldrain –
im schattenwurf vierer
platanenriesen –
flach liegen.

der atem des windes zieht über
das heiße land,
bringt das laubwerk
zum zittern und
zaubert ein stets bewegtes
schattengeflecht auf

vergilbtes strohblond.
sirrende luft über dem feld
taucht das sonnenblumenleuchten der
fernen ebene in ungreifbare
formlosigkeit.

dazwischen –
wenn der wind schweigt:
stille über der landschaft
und eine fast
bodenlose wärme
erfasst land und luft.

…selbst die ameisen scheinen
zu streiken, und die
schwalben
meiden den boden.

26. juli 2009

león – round 4 pm

irgendwo in einer schmalen gasse der
altstadt – ein einsamer sonnenstrahl
fällt da herein und setzt sich an den nebentisch;
der aber ist bereits besetzt.
gazpacho als 1. gang –
‚*guerra de paz*' verkündet
ein schild über der
ansichtigen auslage der quergasse:
schweinshaxe neben schweinshaxe,
gedörrt.
über uns kleine balkongitter als
sitzplätze für gefiederte zaungäste,
die auf brotreste gieren;
begonien in töpfen hoch ober uns –
vor schmalem blau
über das
ein flugzeug seine streifen zieht.

die sonne legt ihren strahlenfächer
kurz über das
hohe dacheck,
schiebt sich dann
wärmend auf meinen
schreibenden arm und weiter
auf beschriebene seiten…

„*la cuenta, por favor!*", wir zahlen
– zeit für die stadt und
santa maria de regla,
la catedral…

27. juli 2009

beyond wineyards...

manchmal,
da weiß anna einfach,
wohin sich-wenden *sicher* nicht lohnt:
weingärten! ...da muss man aber dann
halt durch.

jetzt – abendliche begeisterung,
denn *jenseits* der weingärten,
fast zuoberst, steht
unser auto in den
letzten sonnenstrahlen
am rande eines
zarten mandelhains.

über uns hasten behänd die
schwalben, und auch ein
schwarm von staren
hat unseren platz bereits
geräuschvoll-jäh gequert.

...den platz beehrt: gemalt.

jetzt vino tinto, brot, oliven, pesto.
fliegen genießen die sonnenwärme hier
auf meinem knie.

....sicherlich
halb zehn uhr abends
und noch
einige zeit bis
sonnenuntergang.

28. juli 2009

malen…

spät vormittags in
farben schwelgen.
sonne im gesicht,
eine kühle im nacken,
das blau über mir.
orange, kupfer und rot.
oh, welch sanfter wind
mildert diese
südlich angehauchte sonne.

bild auf bild
fertigen und freude spüren,
dass alles so
überraschend vollkommen
sich gestaltet.

es leuchtet mein herz,
es spricht mein wesen.
der himmel wirft
feine wolken-fächer
kunterbunt
all über uns.

sonne verbleibt
freudig leicht verschleiert…

29. juli 2009

coolin´ down…

oberhalb der straße: eine
kleine zisterne.
überquellend rinnt das
wasser die
wand herab und
fließt die straße lang.
unter weichselbäumen
das auto abstellen –
warnblinkleuchte ein.

nackt hinein ins becken,
still und
klamm-heimlich.
siesta allgegenwärtig:
quatro de la tarde en punto.
der körper kühlt,
die haut erfrischt und
strafft sich, der kopf
wird wieder frei.
zweimal
hin und hergeschwommen,
raus, handtuch
und – davon gestohlen.

…doch dann kommt
anna prompt auch noch
auf den geschmack…

29. juli 2009

pontevedra

auf der
plaza de ferrería sitzen und
empanadas essen.
von der benachbarten
plaza de peregrina tönt
carlos santanas ‚*europa*' und dann
‚*oye como va*' – ein straßengitarrist mit
playback-band. klingt original.
‚*samba pa ti*' – die sonne hat´s auch
wiedermal
geschafft…

der weg zur
plaza de leña – vorbei an tapa-essern
tisch an tisch.
pimientos de padron,
calamares y pesces.

dann: platz-regen auf der plaza
und danach: vorhut
heut-abendlicher
‚*stopp-bullfighting-demo*'.
besoffen-heiter inszenierte
persiflage auf das
monumento nationál,
den: stierkampf.
un spectaculo – unter dem
barocken wegkreuz
auf der mitte
dieser plaza.

1. aug. 2009

atlantik

sonnenheißer sand
und der atlantik –
gezähmte kraft und doch:
wellen von zeit zu zeit,
die´s in sich haben, einen
weit zu tragen,
aus dem grünen,
hochgewölbten sog ins
silbrig-weiße
sprudel-kraft-gekröse,
bis hin zum
lichten strand.

möwenkolonie –
nicht fern. ein
weitgespannter bogen küste:
hell, menschenleer und – heiß.

malen, schwimmen, essen und:
wieder malen, surfen, schauen und
genießen. sonne
gilbt und bräunt die haut.
möwenlachen und ein meer,
das silbern gleißt, da wo
in der ferne
cap finisterre
– ‚ende-der-erde' –
sichtbar ist...

2. aug. 2009

españa

alle möglichen
schalentiere, in einem
großen aquarium im neonlicht – der
fernseher von hinter mir
als spiegelbild in
geöffneter glastür
vor mir.

venusmuscheln, scheidenmuscheln, shrimps,
kalamare, hummer, meeresspinnen –
anna entscheidet sich
gegen *scheidenmuscheln* und für *venus-muscheln.*
ich bekomme: *pimientos de padron* –
grün-gegrillte, kurzgewachsene
paprikaschoten.

eine familie hinter vielen gläsern – vino, aqua
und bergen von muschelschalen.

anna meint, es wäre
‚*ein durchaus spanisches lokal*' –
nicht so touristisch…
„*dos vasos de vino tinto*"!
kurz darauf – anna ganz
abgezogen in ihre ‚*venus-hügelchen*' –
versunken über minuten.
isst, isst, isst… – vergessen der wein,
vergessen ich, selbst-vergessen / versessen,
nur die muscheln gelten
in solchen
momenten.

2. aug. 2009

abendlich

lyon – *place de la baleine* – einer der
alten plätze: letztes sonnenlicht als
reflexion an fensterflügeln
in verwitterten fassaden.

außer der kleinen bar *le florian* – nur
restaurants, auf dem *platz des walfischs*.

menschen – diese
eigenartigen-säugetierchen-auf-zwei-beinen,
ständig auf der suche nach
etwas im reichhaltigen angebot,
was sich da etwa finden lässt.
…eine ältere dame –
von ihrem hund gezogen –
ein baguette unter die achsel gequetscht…
…die junge frau am nebentisch, die mit
geradezu professioneller verschmitztheit
ihren älteren lover umgarnt
(ob der auch nur den funken einer chance hat?!...).
er trinkt seinen *perrier*,
sie *orangejuice on the rocks*
(sogar die ‚rocks' schmelzen
ob solchen garns dahin…);
welch sympatische spinne! – entsprechend:
schmuck, charme, seidige wimpern.
ein rechtes auge – verborgen unter den
locken ihres haars…
…der barkeeper, vertieft ins
gespräch mit seinem dunkelhäutigen gast…
…ein in-die-jahre-gekommener künstler, mit seiner
leinwand unter dem arm, der den platz quert und

ein weiterer mit fahrrad und satteltaschen,
gemächlich um die platzecke biegend…
…eine familie mit zwei gören
verlässt diesen vorplatz…
…das *giovannis* offeriert uns in seiner offenen glastür
eine rothaarige junge frau – als türsteherin;
der ober mit seinen zwei gläsern rosé
presst sich galant an ihr vorbei…
…das *maitre boeuf*, grad vis-á-vis, hat ein
um nichts weniger adrettes aushängeschildchen
platziert…

der platz atmet – eine luft,
die abendlicher wird.

6. aug. 2009

Zyklus: ***welt* 2010**

tejeda

…in der ecke beim fenster tropft es
monoton von der decke, während draußen
canarische winde heulen und eine
wasserwelt uns alle sicht verhüllt.

über stunden in einer
einzigen, großen, steten wolke.
regenprasseln, windböen,
die den baranco stürmen.
jede böe reißt vom dachsaum
die fallenden tröpfchen
mit sich, peitscht sie hoch:
gebauschte, wallende
regenvorhänge, wie festgemacht
am dachsims. wasserschwaden ziehen
in schweren fronten vorbei.
der blick frei – lediglich bis
hin zu den zitronengelben früchten
im garten vis a vis.

zitronen, philodendronartiges
– gebeutelt, zerzaustes dasein.
nebelsonne
nachmittags…

2. febr. 2010

hoy

arucas
– im vollen sonnenlicht.
es präsentiert sich
ganz von seiner
schokoladenseite.

„*dos cafe – cortados –, por favor.*“
...auf der piaza
hinter dem dom. dann noch
tortilla española und
eine apfeltorte

artgerechte lebenshaltung
praktizieren. freude,
ein lächeln und
mehr als alle zeit der welt.
nichts, was mich ruft,
nichts, was mehr will als ich.

die putzenscheiben der kirche
von außen, mal
ganz 'äußerlich' betrachten,
– grad nur zu erahnen:
maria mit dem kind –
petrus mit dem schwert.

3. febr. 2010

kraterrand

schwer-würziger
ton der landschaft.
noch feucht vom tau,
vom regen, jedes blatt.
die sonnenfarben –
alle erwacht: weißer ginster,
opunzienkakteen und
hochragende agarvenstämme
thronend über blaugrün
kraftstrotzender formgewalt.
duftschwaden aus
blütendolden – ginsterflächen
am kraterrand vor dem fernen
blau des meeres.

caldera de bandama:
blau-geblüht, gelb-geblüht,
rosa und ein schattiger boden,
bedeckt mit tautropfen
und glücksklee.
orange markierungen aus
stein-flechten – weglang.

den fallwinden sich
entgegenstemmen,
wo sie die caldera hochstürmen und
weiter, einem um die
ohren brausend
schwalben-gleich
dahin-pfeilen….

3. febr. 2010

baranco de laurel

milder hauch von
wind, hähne über einem
kartoffelacker und
neben dem alten ziegelroten dachsaum
– bauschen sich in rotorange diverse
wäschestücke in fast schon
österlicher luft.
gelbblühende kleepracht
und der duft von orangenschalen,
die anna nach dem verzehr in händen hält.

ein fruchtbares tal zu unseren füßen.
schmetterlinge und vogelsang.
glöckchen. rote libellen und
farnkraut, das seine
köpfchen entrollt wie
fühler – dem tag entgegen.
zeitlos
fast...

dunkle, rotbraune erde unter dem
duft von lorbeerblüten,
zitronen und myrthen
in mittäglicher ssonne – wie
jasmin so süß…

wegspuren,
sonnige böschungen entlang.
eichen, eukalyptus,
brombeerhalden…

6. febr. 2010

ein wenig allein sein

mittagsrast auf
bruchstücken amorphen gesteins.

über den talgrund,
hochschauen – aus dem
schatten der bergflanken des
barranco:
ein schwarzer
krähenvogel
verfolgt von einer
horde felstauben linker hand
nahe der felsenhöhe vis-a-vis.

schräg rechts
zieht ein adler mit
größtmöglicher mühelosigkeit
seine kreise in der
thermik, während
sein schatten
sprunghaft übcr
steile felsenwände huscht –
unvermittelt –
von vorsprung
zu vorsprung sich
versucht
davon zu
machen…

7. febr. 2010

in den *marken*

vorösterlichen weg gehen –
olivenhaine und das fachwerk
hochgestielter palmwedel-fächer.

glänzende dächer, giebel und
türme eines städtchens auf fernem hügel.
dahinter dräut in spätem gegenlicht
blauschwarzes regen-wolken-werk,
welches diese kulisse
bald bedeckt.

den weg bergan – erste
olivgrüne knospen an einem
alten feigenbaum,
schilf, lilien und frösche
am schwimmteich
und – ein junger, kräftiger schäfer tollt heran.
der hüter: herrliches fell,
beschwingte rute umspringt uns –
sein reich
ist ganz von dieser welt!

den weg zurück: weißer rauch steigt
– südlich ‚*cattolica*' – aus dem
schnittwerk von olivenlaub.

wuchtiges zieht in dichten schwaden
gegen das wetter an...
es naht, lässt seinen regen
fallen…

27. märz 2010

guardialfiera

der oberste der torbögen –
an die kirche gelehnt. darunter ein
spiegelnder weg über flache treppenplatten,
erleuchtet.

katzen huschen aus
versteckten winkeln und verschwinden im dunkel…
alte frauen grüßen verhalten
aus hauseingängen:
zahnlose unbeweglichkeit
in dunklen kleidern.

ein monument am kirchenplatz bezeugt:
‚…pater pio was here…!'

dann eine pizza, im einzig genannten
dorf-ristorante.

samstag abends: ein paar
jugendliche pärchen am
nebentisch sowie ein
greiser alter am hintersten
tisch des saales –
tief gebeugt, still, versunken,
beiläufig und ganz wie zum inventar
gehörend –
lassen
den großen raum um uns
unbelebt
und leer
erscheinen.

27. märz 2010

molise

wunderliche,
uralte olivenbäume
in verwahrlosten hainen,
beschaulich morbide konglomerate
wehrloser häuser.

hoch in die jahre gekommen,
wetteifern knorrigkeit und tünche
um ihr kronzeugendasein
ländlicher verlassenschaft.

da liegt eine schwere
über der landschaft.
brüchige patina – voll
schaurig schöner
verworfenheit, wohin
das auge reicht:
erosion, hangrutschungen, verfall.

ein schroff-kühler wind
streicht über diese landschaft,
oberhalb *apuliens*
fruchtbarer ebenen…

28. märz 2010

gargano

malen am strand – auf
muschelkies und
grob gemahlenem sand:
würdigung des *gelb* in
bild und farbenton. eine
hommage an den strand,
an die hohe sonne,
an mimosenbüsche,
hornklee, löwenzahn und
frühen ginster
– an meine
helle fröhlichkeit.

vor mir
ein bewegtes meer,
weißschäumende wogenpracht
und die
wärmende dichte
mittäglicher stunden.

letztlich noch
hinein ins grünblau, ins
eisigkalte meergefühl:
mit den wellen
sein.
ein prickeln und
tiefgründig freudevolles
tauchen fühlen.
er-gründen, was
strand bedeutet…

29. märz 2010

morgenstund…

monotones rauschen der wellen.
so ein
morgen am
gargano,
mit der sonne erwachen
und
den tag beginnen.

ihr zusehen, wie sie
ihre schaffenskraft aus der
milden see wölbt, sich
erhebt.
ihr feurig goldenes
erleben. ihren
glanz in den
mähnen der drei pferde
mit ihren
glöckchen am hals,
auf dem olivenlaub der
knorrig alten bäume
im grünen gras,
oben auf den klippen
erhoben über der
betörenden weite einer
türkisblauen wasserfläche…

30. märz 2010

ristorante del castello

auf einem
kleinwinzigen balkon
hoch über dem hafen
stehen und
– schauen,
aug in aug mit den
letzten farben abendrot
über dem
dunkel des meeres:

katzenpfötchen
laufen
still über
dachgesimse und
terrassenmäuerchen.
frühe lichter zwischen
engen häuserreihen,
über weißem,
glattgetretenem
stein.

drinnen dann:
hausgemachte pasta,
vino rosso della casa.
lesen, hören, lesen, plaudern…

30. märz 2010

feuchtgebiete

durchs hohe gras,
auf dämmen – die blaue
spiegelfläche teilend –
dahineilen. vorbei an
wildem fenchel,
orchideenstauden,
schilfrohr.

im brackwasser
stolziert hochgestelztes
auf roten schlankgeformten
beinen bedächtig in
kleinen grüppchen.
empor gereckte hälse,
krumme schnäbel:
flamingos und
andere fremdartig
gefiederte
sumpfbewohner.

danach: *cittá del sal* –
aus flachen becken
herausgeschoben
und hoch getürmt:
berge weißen kristalls.
margherita di savoia –
die straßen leergefegt
von einer steifen brise…

31. märz 2010

städtebauliche hörigkeiten

trani – weißer, behauener,
romanischer stein
zu einer kathedrale
gesetzt und
hochgeschlichtet
zum campanile –
gleich neben die
weite bläue des meeres.

erst dem
ausreisenden
wird die
weitläufigkeit der stadt
bewusst – auch hier:
blankgetretener, weißer stein
als bodendecker,
weißer stein als
mauerkleid und
weißer stein gelagert in
weiten treppenläufen –
kommunikationsströme
für eine schwarzgekleidete,
südliche fröhlichkeit.

31. märz 2010

strandland

sich inmitten des
betörenden duftes
stellen – und
die augen schließen.
zuhören –
dem summen der bienen,
dem vogelsang; den wellen
nicht gar so fern.

herb-süß, würzig –
niederwüchsiges,
ginster, junges duftendes grün
buschähnlich gehaltener
strandpinien.

jede menge verschiedenster
blumen blühen hier.

später, der
harzige geruch
eines österlichen feuers.

3. april 2010

santa barbara

in tuff geschlagene kapelle,
die jahrhunderte überdauert:
„*chiuso!*" – wie jeder uns
bedauernd versichert.

und doch
öffnen sich dem
unbekümmert findenden
selbst sogenannt verschloss'n tore…

dergestalt, lassen wir von innen
letztlich licht und luft herein,
öffnen die kühle tiefe
einer frühlingshaften sonne.

frisch strahlen die
fresken der altarwand
wie ikonen: die barbara –
mehrmals als stifterin,
die mutter mit dem kind und
zu den füßen –
ein hirte mit seiner herde…

wieder im freien:
barbarazweiglein
am kirschbaum davor –
in österlicher
blütenpracht.

4. april 2010

casa de café

kreuzung:
guantanamo / bahia de todos los santos,
ein schmuckloses ecklokal:
ein blitzsauberer raum,
offen zur straße,
wände teils gelb, teils
erdrot gestrichen.
toiletten unversperrbar.

das radio schwelgt hintergründig
aber lautstark in
werbetexten und
konkurriert chancenlos mit dem
verkehrslärm draußen.

ein alter vw-käfer – rot
vor der türe unter
alten fikusbäumen.
anzures, botschaftsviertel,
zwischen den straßen
kepler, *halley*, *kelvin* etc…

frühstück: extrastark geordeter kaffee,
bisquetes, *cornetes*, *molletas*…

7. juli 2010

aaron

aaron spricht 6 sprachen –
auchmhebräisch;
aaron ist
hostalbesitzer in
mexico city und
reiseleiter – fremdenführer
für seine gäste.
regelt alles und jedes.
aaron hat 2 hunde, 4 schildkröten und
seinen compañon manuél…

aaron lebt in seinem 'büro'.
nur zwischen 12 und 4 ist aaron
abwesend. siesta??

wenn aaron von etwas überzeugt ist
– und er weiß vieles –
dann ist es ratsam, auf ihn zu hören.

aus innerer bildung scheint aaron sich
weit mehr zu machen als aus
äußerer form oder gar
komfort. erzählen, ratschlagen –
jahrein, jahraus – auch das ist leben….

7. juli 2010

catedral de coyoacal

vivaldis *quatro estaciónes*: ‚sommer'
in barockem kirchenschiff.
die frauen in
ballkleidern. das
abendlicht durchflutet dieses haus,
erstrahlt am weiß der
gladiolen, glänzt am messing
im eingangsbereich, streift das
lendentuch des gekreuzigten und
fließt über den marmor
bis zum gold des hochaltars.
ein warmer farbton um die
maria im halbrund einer
dunklen apsiskuppel.

die menschen singen, sprechen
in dunklem chor,
klatschen. alle
beteiligt.

der *sabado* endet hier:
die orgel spielt
pachelbels magischen
‚*canon in d-dur*'.

hinausgehen
in den
abend…

10. juli 2010

salto grande

stufen – eine steile
felswand hinab,
vorbei an einem indio, dessen
aufgabe es zu sein scheint,
den porösen basalt der stufen
von einer unzahl blütenblätter
– violette bougainvillea
und fleischrote baumblüten –
mit dem reisbesen zu
säubern. stufe um stufe,
bis zur kleinen aussichtsplattform.

ein rauschen erwartet uns, ein
fallen der wasser in ein
stumpfgrünes becken.
hinter dem fall angeschwemmt:
bunter abfall der zivilisation.
welch farbige rotte!
palmvegetation in allen
grünschattierungen und die
ersten riesenschmetterlinge:
strahlendes weiß, oberhalb der
gischt, vor dem dunkel der wände
schwebend, tanzend, hüpfend…

zurück an der straße:
blumenladen an
blumenladen gereiht.
zur schau gestellte farbpracht
in morgendlicher sonne.

12. juli 2010

xochicalco

etwas unterhalb der acropolis
auf einer hochfläche:
zwei tempel: die pyramide der
gefiederten schlange und
jene des regengottes *tlaloc*.
an jeder ecke zwei schlangenköpfe
und ausgerollt in weiten
formen über langen wänden:
riesige untierkörperschlingen
als relief in stein geschlagen.

während ich schreibe –
ein geräusch knapp über mir,
dass sich mir die
nackenhaare sträuben:
wie ein segelflugzeug,
unheimlich brausend in
seinem gleiten, seinem fallen. –
den blick gehoben, zieht ein
großer adler
seine kreise.

ein wahrlich wundersamer platz.
milde vegetation,
die sonne im zenit und
fernes donnergrollen.

12. juli 2010

pacifico

kaum die stadt
hinter uns – eröffnet
die höhe den blick auf
weitere 30 km küste.
unterhalb der straße:
selva und ein meerbusen so
blau, wie es der himmel wohl
niemals mehr sein kann.

…*playa ventura*, endlich:
auspacken, all die farben;
die decke an jeder ecke mit
einer kokosnuss beschweren
um einer steifen brise
paroli zu bieten.
die nase in den wind, die
farben auf den pinsel
– kurz geflucht,
ultramarin: ‚*vagessn!*' –
und dann die kraft spüren
– wellen, sonne, wind.
schwung nehmen und
loslegen:
blau, gold, weiß – ein genuss.

im windschatten später:
essen, trinken, staunen,
wie ein pelikan die
wellen reitet, fischt…

13. juli 2010

restaurante del faro

…ein roter fisch,
frisch aus dem meer –
am holzfeuer gegrillt – und
tortillas mexicanas –
maisfladen auf tönerner platte gebacken.
eine indiofrau arbeitet in der
offenen hütte – ihrer küche –
gleich oberhalb des strandes:

woge auf woge rollt hier
beim leuchtturm an die
küste. gelber sand,
cabaña-hütten, kokospalmen.
ein tosen trägt der wind
uns zu, unter das
palmwedeldach
wortfetzen in *amusco*
– sprache der indios.

ein lächelnder
hölzener schneemann
wirbelt exaltiert in der
steifen brise.
schwarze vögel stehlen
mit schrillem schrei
die essensreste von den tischen.
letzte gäste vor der siest'*e*'.

unwirkliches erleben:
sonne wechselt mit regen.

14. juli 2010

laguna de chacahua

am strand der lagune:
dunkle wasser, bräunlich
nur die wellen in
spiegelndem blau.

auf entlaubten ästen
bevölkern kormorane die
urwaldbäume. geier
kreisen heran…
uhhh, welch ein hälserecken,
welch ein kreischen!
– hier will man unter sich
sein und bleiben.

fischer landen mit ihrem
motorkanu, entladen ihre netze
und warnen vor dem bad:
„*cocodrilos?*“ „*si*“ – die gäb´s.
aber alle scheu, sehr scheu
und absolut
keinerlei gefahr…
nur: das wasser wär`
nicht wirklich sauber.

vögelschwärme ziehen
über den see,
glitzernde mittagssonne,
leichte winde.

16. juli 2010

los nubes

frijoeillo, *canante* heißen hier die
cabañas am fluss oder auch:
sonzapkte, *chicosapote* u.a.
im 'ökologischen schwimmbecken'
herrschen heut´ wilde urstände – dort
fischt ein fischer mit dem handnetz,
das er geschickt zwischen die uferbäume wirft.

cafe del oriente, pan dulce y
plato de frutas con lemon –
unser frühstück heut – und ein prolongiertes tosen.
feine gischt durchweht die luft
von zeit zu zeit. nur die moscitos haben
dieses monat 'ausgelassen'.
‚im juni, da gab´s so richtig viele!' –
so die kellnerin.

die schweren holztische –
sie eignen sich auch ganz vorzüglich –
zum trommeln!
welche holzart es wohl sei…?
da hat man schnell gewissheit:
‚tropenholz'. wir lassen uns das
frühstück munden.

…und auch
die sonne
hat sich
nach langem
wieder eingefunden.

20. juli 2010

katarakte

über den fällen – von
zwei seilen getragen –
hängt ein steg;
da, wo der fluss
aus der weite zweier ufer,
sich in eine schmale
felsenspalte
zwängt –
sie engt,
sie pfercht
das wesen gar
durch einen schmalen
gurgel-artigen
felsentunnel –
unfassbares brausen,
wildes wehren…

oberhalb, grad an der
ersten kante,
schießt
das wasser
nach dem jähen fall,
wie von geysir-kräften
hochgetrieben, meterhoch empor,
weit über den trägen wasserspiegel obenauf, hinaus.

weiße gischt.
wasserflutenmacht –
ein ungestüm brodelndes sein
des elements.

20. juli 2010

maya

den blick über mehr als
2000 jahre geschichte:
palenque.
steinerne zeugnisse einer
kultur des krieges und
der unterwerfung.
bis schließlich dann ein
stärkerer kam; einer der
nichts zu verlieren hatte…

ein fast unbegrenztes gebiet an
pyramiden und tempeln.
das meiste noch vom
dschungel überwachsen
und einen mehr als
1000-jährigen traum
träumend

hier aber – gegenüber dem
sonnentempel – hockt
mein bewusstsein auf
einer steinernen stufe,
den blick über mehr als
2000 jahre geschichte,
einer fremden kultur,
die hier einstmals
unterging.

23. juli 2010

moon-shadow

durchs warme wasser
der lagune stapfen, über
hellen sand.
den vollen mond im rücken –
meinem eigenen schatten
nachfolgen und beobachten, wie ein
plasma-artiges geflecht
von kreisförmigen leuchtebändern
ihn umspielt.
bewegt, mit radialen querungen
wie ein strahlenkranz.
welch herrliches gewoge
wandelnder gestalt
rund um mein dunkles abbild
am grund tagwarmer
wasser. *jupiter* aufgehen sehen
über dem östlichen ufer
bei einer flasche wein,
am ende des langen steges –
und den vögelstimmen
lauschen:
schnarren, glucksen, pfeifen…

welche milde der nacht.
palmsilhouetten am ufer,
während *venus* im
westen über dem land
für heute
das zeitliche segnet.

24. juli 2010

cenote samula

vorbei an
‚*coco frio*'-rufern in der
hitze zum *cenote samula*
pilgern. umziehen – und zum
spätmorgendlichen bad in die
tiefe steigen: steil gestuftes
hinab in die versenkung einer
großen höhle. aus schmaler oberer öffnung
fällt eines alten baumriesen
dreißig meter langes wurzelwerk
herab. hier ankert es auf
dunkler, kleiner insel.

rundum:
grünblaue kühle des wassers;
belebt von nachtschwarzen
fischgesellen.
stalaktiten ragen von der decke
und schwalben, die es ins dämmrig kalte dunkel zieht,
kreisen da.

hier, dreißig meter tief im
inneren der erde –
schwimmen. endlich:
kühles wasser,
sonnenbündel fallen da herein
und reflektieren als
wellenspiegelglanz
an der hohen höhlendecke.

29. juli 2010

preziosen der landschaft

durch einen schmalen
dschungelweg fahren und im
schatten der bäume
dieses grünen blattwerktunnels
schmetterlinge sehen, gleich
blütenblättern oder
buntem herbstlaub
im wind.

welch ein geflatter! und,
wild durch diese oase –
schwalben,
welche so manches
lebens-blatt im fluge
ernten. fliegende pfeile,
kreuz und quer zwischen all den
munter schwebenden.

ein nicht endenwollendes
gehabe bunter farben – und
pfeilschnellen schwirrens:
glamoröses vibrieren
tausender bizarrer, schlanker
flügelschläge.

30. juli 2010

tabasco

die gegend verändert:
kultivierte, kleine häuschen
begleiten die straße.
frischgestrichene fassaden
mit fein säuberlich gefassten
gärten.

der vorbeifahrende
beäugt wohlwollend die
wandlung.
selbst das gras auf der
weide hat sich diesbezüglich
angepasst und
scheint im gegenlicht wie
frisch gestrichen.

weiße wölkchen segeln
malerisch über diese
szenerie.

31. juli 2010

playa escondida

mittag:
im zenit – unser stern.
kein schatten um mich.
der sand unter meinen füßen:
heiß wie helles lavagestein –
unerhört!
schritt für schritt zum
strand gehen, den
gang
beschleunigen,
laufen schließlich, bis die
feuchte besitz ergreift und den
brand löscht, den sand
sand sein lässt.

irdisches sein,
hart an der
grenze von
land und meer.

1. aug. 2010

geführt…

nebel, regen, bergstraße; kurven, kurven, kurven…
mehr als 3000 m höhe; null-verkehr –
nur ein scheinwerfer am wagen, nur noch eine seite.

140 km ohne
möglichkeit zu bleiben für die
nacht; *solamente tres comidadores…*
so jedenfalls hatte
ich mir das wahrlich nicht gedacht.

dann fällt tatsächlich
das 2. licht uns auch noch aus:
absolute dunkelheit.
rhythmisch in
orange getaucht, lediglich
das glitzern der nassen flächen im
licht der warnblinker.
und ein schild:
‚cabañas de montañas de flores'.
wenige meter hinter uns!
umdrehen und staunen,
wie und dass alles sich
für uns derartig
fügte…

morgens
zwischen wolkenresten dahinfahren
und 7 km weiter – frühstücken,
kleine indiostadt,
in den bergen…

2. aug. 2010

bescheidenheit

ein monat rum
und da ist
kaum erstaunen –
bewunderung vielmehr und
hoher dank für soviel
selbstverständlichkeit und
selbstbewusste sicherheit,
jedwede situation
bewältigen zu können.
wahrlich
meisterliche grandezza an
unbefangener getragenheit
und klarheit in all den
bewegungen,
entscheidungen
auf 6000 km straße,
im rauen meer,
dem blauen himmel.

so ein körper,
so ein
unglaubliches exemplar
gesundheit und freude –
und so
einfach,
ohne jegliche
allüren.

4. aug. 2010

logistico del aqua

wolkenlos über den wolken…
wasserlogistik unter uns: weiße wölkchen
über herrlichen ländereien,
seen, lagunen, mäandrierendes geschlängel der
flüsse, die ihr braungraues wasser ins
türkisblau der meere schütten. und strömungen,
welche diese stumpfe farbe wie windfahnen ins
blau verweben. die weite des ozeans vor einer
scharfgezogenen küste…
und immer wieder diese
strahlend weißen, wattebauschartig sanften
gebilde mit ihren schattenwürfen auf dem
blauspiegel unter uns. stets die küste entlang fliegen.

dünengebiete trennen hier
riesige binnenseen vom meer.
und wieder verschütten lagunen ihre diesmal
milchiggelbe trübe in den ozean: da sind
grenzschichten – schüttgebiete im blau.
am horizont ein aufstrebend weißer gewitterturm, der
diesem immensen willen mit seiner
wuchtigkeit alle ehre erweist.

schließlich noch: 'stoßverkehr' und –
alles verdichtet zu kompakter wolkenschicht,
scheinbar ohne jegliches weiterkommen…

alles versorgt,
alles bestellt,
alles bedacht.

5. aug. 2010

grado

welch
sachter atemstrom dieses
‚bald-november-meeres' –
grad wie ein spiegel,
wäre da nicht diese
leichte dünung...

auf einem langen steg 'hoffnung', wo am weiten ende
meine freude sich rekelt
in sanfter sonne.

bilder um mich, farben, goldglanz... und
die sonne in später höhe. ihr
vielfältigtes bild –
glänzender schein –
den jede welle geduldig ans land wiegt.

...sanftes, weitendes leben und eine
milde – still aus dem
herzen aufsteigend,
fast schwindlig machend,
im blick auf das
schaukeln der wellen...

hinter mir – die welt. sitzend am ende eines
langen weg-steges über sandigem meeresgrund.

freude
über den
wassern...

30. okt. 2010

piazza san marco

den platz queren, schlendern über weiße
marmoreinlegebänder
in grauem fischgrät-granit...
aufdringlichen scharen
tauben-grauer venezianischer tauben
ausweichen, die hier von einer
steifen briese gehetzt –
auf augenhöhe dahinpfeilen.

welch herrliche proportionen
umschließen eine
unverhältnismäßig exaltierte schar
tauben-fütternder oder auch nur
touristisch gestresster menschen...

wie tische gestapelte,
mit verschraubten platten versehene weg-gestelle
weisen auf
jahrhunderte bestehende, winterliche gepflogenheit –
ganz wie ein ‚amen-im-gebet'! denn bald
wird das wasser hier –
ob *‚scirocco, la luna, o il caldo'* wegen,
wie eine geschäftsfrau –
unsere frage abwimmelnd und
ihr geschäft abdichtend –
uns gestikulierend beizubringen sucht,
aus der lagune steigen
und die piazza fluten...

31. okt. 2010

abseits

zwischen
engen feucht-roten
ziegelmauern
durchschlüpfen –
morbides flair im regenschauer –
so eng, dass kein schirm
aufgespannt über einem
platz findet.

dann entlang des ufers gehen –
jenseits blassgrünen wassern,
vis-a-vis: *isola di san michele* –
hinter backsteingemäuer: der friedhof dieser stadt.

morbidität über nass-grauem granit,
fern der touristenströme.
wenig anziehendes, wenn man
den verfallenheiten nichts abgewinnen könnte…

sich *rialto* nähern…
die menschenströme bündeln sich,
bars und geschäfte
sprießen wieder
wie schwammerln aus dem
boden der lagune,
die schaufenster-preise der
mode- und ramschläden
erreichen unerfreuliche höhen und
'die-musi-spült-wieda...'

31. okt. 2010

biennale 2010

wenn man nichts mehr zu sagen hat,
beginnt man alltäglichkeit zu zelebrieren:
formen der abnutzung,
formen der verwendung,
letztlich auch simpler
architektonischer archivierung.

‚*use, wear, storage...*' additive beliebigkeit in ihrer
höchsten bedeutsamkeit: gekritzel an der wand
– alias 'slogan': ‚*quality instead democracy!*'

welche maßstäbe werden wohl künftig als
nachhaltiger erkannt?!
‚erhaltung contra entwicklung',
beide: angetreten...! wo liegen wohl vermeintliche
ressourcen beheimatet...?!

eine wand lässt lesen: ‚*the current moment has no
idea how to negotiate the coexistance of radical
change and radical stasis that is our future.*'

eine andere: ‚*the challenge arrives in different levels:
if we think about how we can produce meaning, we
have to understand which referances and which
modes can be used to try to construct a path.*'

‚*meter machend...*' – manch richtig scheinende,
ab und an durchaus begeisternde, wenn auch letztlich
über stunden hinweg echt
ermüdende – kenntnisnahme...

1. nov. 2010

city

feli *city*
velo *city*
auda *city*
vera *city*

publi *city*
~~curiou *city*~~
capa *city*
multipli *city*...

1. nov. 2010

bedeutung

manchmal ist ein wort,
sind worte uns wie –
feuer.

…welche bedeutung wohl
haben *wir* für *sie*?! für ihr da-sein,
ihre wort-wahrhaftigkeit…
…wirklich nur '*spiegel*', um daran zu ermessen,
mit welcher bedeutung – andeutung, deutung –
solches wort sich *uns* letztlich hingibt und
schenkt?!

und all jene wichtigsten, einzigartigsten –
weil unsere sehnsüchtigsten –
sind allesamt
ungenannt, ungesagt, un-erhört…

worte, die einen reim nur auf sich selbst machen.
solche, die niemand je verloren,
die nie jemals einer geboren oder erkoren hat –
nur um sie bebend dann
auf die goldwaage legen zu können...
‚bedeuten wir ihnen etwa viel...?!' –
liegt´s im eigenen ermessen,
welche bedeutung wir ihnen
bezüglich uns selbst zu geben wagen.

…war da nicht etwas
– im anfang –
wie
das wort?

9. nov. 2010

Realsatiren 2009

Minutiös getimed...

Wie´s halt so ist: Im Winter geht manch ‚continental **mind**', nächtens auf ‚Schnäppchen-Suche' mit dem **Freund** – ins Internet. Sucht hier, sucht **da**. Und, schon ist´s **klar**: **fündig**! – Ja, dieser Termin kommt **günstig**! – Oder doch: jener??! Freitag nachmittags der Flug – 10 Tage gar...? Lass **schaun**! Ne, doch nur ´ne Woche...? ...Oder auch erst Samstag, Flug im Morgen**graun**...?, Nein: Sonntag: ab München – selbe Zeit, 7 Tage Halbpension und Flug: ‚soundsoviel - €!' Samstag..., Sonntag, Sonntag..., Freitag..., Samstag..., Sonntag,... Koordinieren, planen – letztlich der Entscheid – und: Visa-Card macht´s möglich! – **buchen**, und los geht´s in 3 Wochen, nach kaum 3 Stunden **Suchen**! Doch jetzt noch: Arbeit, Arbeit, Arbeit, etc.

Schließlich: Nämliches Wochenende naht. Unglaublich schier: Hier letztlich ‚alles-unter-Dach-und-Fach'! Geradezu perfekt geplant. Merke: '**Pässe**, nicht **vergesse**!' 'Führer**schein** für´s Auto-**Leihn**!'. Abflug München Airport – in der Früh um sech**se**. Halbdurchtanzte Nacht in Münchner Szene; die Temperaturen bei uns´rem Nachbarn Bayern: **Sibirien** – **erfrierien**!!! Ein Bett dann aufgesucht, bei einer freundlichen Bekannten.

Obwohl aus tiefen Träumen aufge**schreckt** – schon gut: dass unser Wecker **weckt**! Anna und ich auf Urlaubspfoten unterwegs – **bald**: Palmen-**Wald**! ‚Palma de Mallorca!' – . Und: Auto springt auch **an** – irgend**wann**. Der Weg nach

‚Unterföhring' – leicht wird er gefunden. Hier hält das ‚**Auti**' Winterschlaf für eine Woche – gar nicht mal unverdient und auch noch ohne Kosten für ‚**Logis**'. Dem teuren Abzock-Parkplatz des ‚Franz Joseph Strauß' (Flughafen) gekonnt **entkommen**; auch diese Hürde kunstgerecht **genommen**! Der ‚Obrigkeit' ein Schnippchen glatt **geschlagen**; kostet kaum Zeit – nur: kein Kaffee im **Magen**. So richtig keck im Schlepp des Billig-**Stroms** und ‚Schnäppchen-**Jägertums**'. Passt! Und: weiter dann mit S-Bahn – Zeit-Puffer: 2 Minuten – grad erreicht. Schließlich: Einchecken am Condor Airlines-Schalter. Alle Hürden voll präzis **genommen**, auch keine Schlange mehr im Weg, zur Boarding-Card! Ein netter Condor-Herr heißt uns **willkommen**. Von unserer Seite alles ‚chefmäßig **getimet**'. Ja, so spielt **unsereins** – zwar tränensack-**verhangen** – ein freudig stolzes Lächeln auf den **Wangen**...(selbst angesichts so frühen Morgens ohne Müsli und **Kaffee** – *das* tut **weh**!). Da allerdings scheint diesen Herrn hier, ′ne Kleinigkeit zu stören...? An unsern **Karten**... Er tippt suchend und tippt... und tippt und **nimmt**... – Ja, und??! – Wir **warten**!!! Freundlich, doch **bestimmt**, dreht er den Monitor, zeigt auf den Schirm und meint: „ ..., ...*Tja, die sind ver**fallen**!* – ". Nein, jetzt aber – !!! Verfallen in der Folge: auch zwei menschliche Gestalten und zwei frag-würdige Gesichter. Irritiert blickt Anna mich und ich gleichwohl auch Anna an. Alles *heute* gut ‚ge**timed**', (ok, auch selbstverständlich gut **gereimt**), mag alles sein. – Und doch: Alles in allem: 24 Stunden, ein kurzweilig ganzer Tag: zu **spät**! Unglaublich! What a mess! Merde!... Tja, das Leben *ist* und **geht** – kurz geschluckt und dreimal fassungslos ‚*unglaublich!*' vor mich hingemurmelt – ganz selbstverständlich und dazu noch kostengünstig weiter: Last Minute-Flug nur 29.- € – super!... Plus 60.- € Taxes – ???! Sei′s doch **drum**: Gekauft! – ...Doch schon naht ein heftiges nächstes ‚**Bumm!**': *„Sie sind Maler?! – Ok: ‚Acrylfarben, schön und gut, **doch**: nicht im Handgepäck!*" Kurzes Hin- und Her-

Gerenne **noch**, letztlich aber – nebst den Passagieren Hinz und Kunz, auch ich und **Du** – hier mit an Bord. ‚Yeah!...' – ‚**puhh**…!'

Und bald schon **da**. 8:30: gleich neben uns – im Lande-Anflug: die morgendliche Sonne für Mallorca…

4. März 2009

Paradigmenwechsel

Mallorca. Hotel ‚*Balmes*' erreicht; in ‚*Can Pastilla*' – nah am Kern eines wohl schnell gewachsenen Ortes. Ganz wörtlich: gleich um die Ecke, rund 3 Kilometer – Luftlinie – entfernt vom Mallorca Airport-Flugfeld; auch: nah dem Strand. Vor Mittag: Strandbummel, Kaffee – noch in der Sonne.

Leihwagen für die Woche – minus einen Tag halt.... Und den Rest des Reisetages: erste Erkundung dieser Insel: Salz-Plantagen, Sandstrände bei Wind und spätem Regen, Tanggeruch und Möwenschrei, Strandhotels geschlossen, weil: ‚Tote-Hose-Zeit'. Abend-Buffet im ‚*Balmes*' – tja: ‚Drei-Stern', doch: Zimmer mit Heizung! Danach: Luftschnappen am zugigen Balkon mit Blick auf eine singuläre kümmerlich schmale und doch riesenhohe Palme – unermüdlich vereinzelter Zeuge des zähen Lebenswillens einer ganzen Landschaft und spärlicher Rest des Baumbestands der unmittelbaren Gegend.

Und just da, hören wir sie dann, die 'Stimme': „ *...cincuenta y dos... ..., trece... ..., veinte y cinco... ..., cinco... ..., treinta y tres... ..., catorce... ..., nueve... ..., ... cuarenta y uno... ..., ocho... ...,*" – Spanisch, eine Stimme, von schräg vis-a-vis und ober-halb der Straße. „ *...dieciséis... ..., veintisiete... ..., diez... ..., sesenta y dos... ...,*". Selbst unsichtbar, spricht Worte sie ins Dunkel dieser Nacht – männlich, eher jung –, wie beschreibend: verinnerlichtes Zahlenwerk; gebetsmühlenartig fremd anmutender Singsang. Minutenlang lauschen wir, liebevoll verständig und staunend, diesem unerschöpflich reichen, nächtlichen Gebet. Ich kenne ja solch freundlich zu Gehör gebrachte Weise, autistisch unbedarfter Zahlenversessenheit: Ja, da muss etwas einfach unbekümmert zwanghaft Ausdruck finden. Man spürt förmlich: Der Mensch geht auf in dieser Welt der Zahlen. Verrückt und unermüdlich klar und doch: dieser unserer Welt vollkommen fremd, enthoben... Die Stimme scheint auf dem Terrassendach zu wohnen – einsam, vom Mantel der klaren Nacht umhüllt. Bilder steigen auf – persönliche Erinnerungen: umnachtetes Bewusstsein…, die Enge *und* auch Weite dieses Seins…, entrücktes Leben der Behinderung – und letztlich: ein Lächeln um die Augen für solch unfassbare Größe dieser Welt.

Tag für Tag, abends nach so viel Schönem – Wandern, Schauen, Schmecken, Riechen, Malen, Schreiben,… – den Weg zurück durch unsere Straße nehmen: eine Bar, mit Vorzelt – stets übervoll mit Menschen. Meist ziemlich laut auch, hinter durchsichtigen Zelt-Plastikwänden. Überraschend voll – für diese Jahreszeit. Und immer auch begleitet die 'Stimme-aus-dem-Dunkel' unser letztes, spätes Schnuppern abendlicher Luft auf dem Balkon – 'Zahlen-Gebet', umnachtet, treu und unbeirrt, bis hin zum letzten Abend: Anna war das Mahl zuviel oder nicht bekömmlich, und ein ‚*Digestivo*', wie es schien, vorm Schlafengehen unumgänglich. Letzter Abend also, nach dem Packen – die wenigen Schritte hin zur Bar grad vis-a-vis. Kräuterliköre: ‚*Specialidad de la isla*!' Eine Art ‚Schwedenbitter': ‚*Palo*' – ölige Substanz; schwarzbraunes, heftiges Getränk – und: ‚on the rocks', in hohen Gläsern übers Eis gegossen. Wir beide an der Theke. Mein Blick zurück quert diesen Raum: Heizstrahler-Palmen wärmen hier eine sehr menschelnde Atmosphäre zwischen dicht gestellten Tischen. Erwachsene – Frauen wie Männer – Kinder, teils schlafend, oder auch quengelnd ohne Ruhe. Ganz offensichtlich, alles Einheimische. Familienabend, weit nach 21 Uhr. Bruchstücke spanischer Unterhaltung – auf ‚*Catalán*'. Bald schon begonnen: *una conversación* – ein Gespräch mit einem anderen Gast: Was hier denn nun grad stattfände…?! Denn: Alles scheint wie elektrisiert in hoch-zeitlich erwartungsvoller

Stimmung: *„Bingo! Bingo con la familia y los amigos.“* – Abend für Abend. Ein *‚kleines, unschuldiges Vergnügen'* – wie sich der Mann beeilt zu sagen. *„Solo, la familia de esta calle!“* – Grad nur die Leute aus dieser Straße – diesem Viertel… Eine illustre Gemeinschaft der Abendstunden und – – – ihr Spiel. Nacht für Nacht. Welch billiges Vergnügen. Ein Tisch nahe der Theke – noch ist sein einziger Stuhl auffallend unbesetzt: Der Spielleiter wird hier den Vorsitz nehmen; der, von dessen Lippen hier die Botschaft kommt, die Glück von Pech trennt, die strikt entscheidet: *‚suerte – mala suerte'*.

Wir plaudern grad noch über ‚dies-und-das', und merken kaum die Stille, die nun rundum den Raum erfasst. Im Hintergrund beginnt das Spiel. Gebannt lauscht alles, verfolgt gewissenhaft die eignen Treffer auf vorgedruckten Bingo-Scheinen. Alles ganz Ohr: *„veinte y cuatro... ..., sesenta... ..., once... ..., cuarenta y ocho... ..., dos...,”* Ja: Sagenhaft…!!! Woher denn kennen wir das bloß?! Uns dämmert´s – Bingo!!! – und: Ein Licht geht auf. Ungläubiges Staunen zweier völlig überraschter ‚art-fremder Geister' – sprachlos perplex in dieser Bingo-Bar. Lächeln quillt – und Lachen… Tränenden Auges, fassungslos fast vor Vergnügen, angesichts derart bizarr verquerer Einsicht. Und immer noch: umgeben vom Schweigen höchster Wachheit, in gespannt gebannter Atmosphäre. Jeder hier im Raum erfüllt vom großen Wunsch nach Glück. …und: *„Bingo!!!...“*

Nur wir zwei – ein Auge für einander und unsere Freude, ob solch unerwarteten Gewinns… 'Bingo' halt…!

4. März 2009

Playa de la isla

Goldgelber Sand *y – ...llega mucha gente* – ‚*viel Volks*' strömt hierher, zum Strand. Eine kleine Insel, ein wenig vorgelagert: Welch geschütztes Plätzchen vor allzu wilder Brandung! Ein natürlich angelegter, atlantischer Badeplatz für – Nichtschwimmer.

Anna will möglichst gleich ins Wasser – „*so hier auch andere schwimmen!*" – wenn man also schwimmen könne... Da schwingt doch etwas an Sorge mit. Einziger Wermutstropfen und grobes Manko für ein derartiges Kriterium eigener Entscheidung: Spanier sind halt so ein Völkchen – das schwimmt einfach seltenst... Und so plantscht Anna letztlich fast mutter-seelen-allein, aber immerhin: mit einem Pärchen und ein paar Möwen in direkter Ufernähe doch im Atlantik! Ich selbst jedoch: ‚*beyond all that*' – liege am Strand, den Menschen zuschauend und ihrer Buntheit. Ein bisschen lesen, schreiben. Rund um mich: '*la gente*' – zu hunderten! Sogar ein paar deutsche Wörter sind hier hörbar. Keine fünf Meter entfernt von mir erhält ein Mann von seiner Frau genussvoll für Minuten etwas wie die ‚erste liebevolle Ölung' – 'ER' wird für die hohe Sonne fit gemacht! *El hombre* selbst – handlungsunfähig, weil: *Una botella de cerveza en cada mano...* Die Flaschen in seinen beiden Händen verraten´s: Spanisches Bier! – Nein diesmal und hier: eindeutig kein ‚*Puntigamer – deppat samma*'.

Und im Hinterland – der Ort selbst, mit Palmen, Villen, Eukalyptusbäumen... Ein paar alte *horreos* – Vorrats-Speicher aus grauem Holz...

4. Aug. 2009

Inhaltsverzeichnis